DIGIUNO INTERMITTENTE

La guida completa per uno stile di vita chetogenico. Incluso un piano alimentare di 3 settimane e deliziose ricette. Perdi peso e vivi meglio con la Dieta Keto

ILARIA VENTURINO

Sommario

DIRITTI

Introduzione

"La salute è uno stato di completo benessere fisico, mentale e sociale, e non solo l'assenza di malattie o infermità."

Mentre il nuovo secolo si svolge, la società si trova ad affrontare opportunità e sfide senza precedenti. Più che mai, il mondo è unito attraverso Internet, i telefoni cellulari e altre tecnologie moderne. Più o meno nello stesso periodo, ai livelli più elevati sono la minaccia del terrorismo e della coercizione nucleare, la proliferazione di nuove malattie infettive ed epidemie, la diffusione del cancro, delle malattie cardiache e di altri mali cronici. I nostri figli e nipoti possono ereditare un pianeta difficile da abitare a livello globale riscaldato.

I ricercatori sono sempre stati in prima linea nel movimento neLL' ultimo mezzo secolo per promuovere la salute e la pace personali e planetarie. L'esperto, proveniente dalle tradizionali parole greche per "grande vita", aiuta le persone ad assumersi la responsabilità della propria sicurezza e felicità armonizzazione con la natura e l'universo. Mangiare una dieta sana di cibi naturali a base di cereali integrali, piselli, fagioli, verdure di mare e frutta nel rispetto delle stagioni, del clima e di altri fattori ambientali è il modo più efficace per farlo.

Una dieta sana aiuterebbe sia il mondo che le persone che nutre, secondo gli ambientalisti. La coltivazione biologica di cereali e verdure come colture di base anziché mangimi per animali riduce la nostra dipendenza da combustibili fossili, pesticidi e altri inquinanti, migliora la fertilità del suolo e contribuisce a rendere l'aria e l'acqua più pulite.

A volte le nostre menti e i nostri corpi sembreranno lavorare su due diverse lunghezze d'onda: a volte il tuo corpo ti chiede di fare un pisolino mentre il tuo cervello sa che hai ancora del lavoro da fare, o la tua pancia implora solo una barretta di caramelle mentre il tuo cervello lo sa meglio. Una volta che si tratta del nostro umore, tuttavia, le nostre scelte ed emozioni alimentari vanno di pari passo più spesso di quanto si possa pensare.

Anche se un piatto unto di patatine fritte o uno spuntino zuccherato può temporaneamente alleviare il cattivo umore, un auto-guida raramente fa a meno della felicità a lungo termine. Fortunatamente, ci sono molti alimenti con comprovati benefici che migliorano l'umore che possono aiutarti a rendere ogni morso più felice e sicuro.

Dieta sana

Cos'è una dieta sana?

Mangiare una dieta equilibrata non significa limiti rigidi, rimanere irrealisticamente magri o privarsi del cibo che ti piace. Si tratta di sentirsi fantastici, avere più tempo, migliorare la tua salute e aumentare il tuo umore, invece. Non deve essere troppo difficile da mangiare in modo sanitario. Per tutte le raccomandazioni alimentari e alimentari contraddittorie, ti senti confuso là fuori; tu non sei solo. Sembra che troverai qualcuno che afferma l'esatto contrario con qualsiasi esperto che ti dice che un particolare cibo è buono con te. Il fatto è che mentre è stato dimostrato che alcuni alimenti o nutrienti specifici hanno un impatto benefico sull'umore, la cosa più importante è il tuo modello dietetico generale. Il fondamento di una dieta equilibrata sarebbe quello di sostituire il cibo trasformato, quando possibile, con cibo reale. Mangiare cibo il più vicino possibile alla natura farà una grande differenza nel modo in cui pensi, guardi e senti.

Abitudine nutrizionale sana

Un'abitudine è quella che si impara attraverso la ripetizione. Se parliamo di abitudini nutrizionali, sono quelle che costituiscono un modello alimentare o ciò che è lo stesso, la solita dieta. Abitudini sane aiutano a prevenire malattie legate al cibo come diabete mellito di tipo 2, obesità, ipertensione e malattie cardiovascolari. Una dieta sana, quindi, è quella che consente di mantenere il corretto funzionamento del corpo in modo continuo e abituale.

Abitudini alimentari sane devono includere una dieta varia ed equilibrata che ci fornisca l'energia necessaria e nutrienti adeguati per rimanere sani. Ma non solo la scelta delle influenze alimentari, ma anche il modo di prepararle. Dobbiamo scegliere tecniche culinarie salutari come cucinare o cuocere ed evitare metodi come friggere. Spesso la mancanza di tempo o comfort ci porta a fare scelte alimentari malsane quando facciamo acquisti. All'interno di una dieta sana, cibi altamente trasformati, dolci dolciumi e industriali, snack salati, bevande analcoliche e un numero infinito di alimenti che sono sempre più abbondanti nelle nostre dispense devono essere ridotti il più possibile.

Una delle cose che mi piace insegnare di più è l'importanza di avere in casa nostra un'eccellente dispensa sana che ci rende facile preparare molteplici ricette facili e gustose.

Come migliorare le tue abitudini alimentari?

Per migliorare le tue abitudini alimentari, non devi essere duro con te stesso. Assicurati di seguire una guida comprovata e di non apportare cambiamenti troppo improvvisi da solo. Imposta piccoli obiettivi che puoi raggiungere. Quando vengono fatti cambiamenti significativi nella dieta, il corpo di solito reagisce, generando stress e ansia. Se vuoi che i tuoi cambiamenti per ultimino, adotta buone abitudini e uno stile di vita sano.

Per essere riuscito a migliorare le abitudini alimentari, devi essere convinto di volerlo fare e fare il primo passo. Una volta iniziato, vedrai come diventa più facile per te. Queste sono alcune delle azioni che dovresti intraprendere per migliorare le tue abitudini e trasformarle in un nuovo stile di vita.

Mangia calma e mastica lentamente
Goditi il momento del pasto, senza fretta e rimpianti. Non mangiare davanti alla televisione o al telefono. Sia la corretta masticazione che il tempo che trascorriamo a mangiare ci aiuteranno ad avere digestione migliore e a sentirci abbastanza sazi.

Ridurre il consumo di zucchero, sale e grassi saturi
Evitare di mangiare cibi altamente trasformati ad alto contenuto di zucchero, sale e grassi e sostituirli con alimenti naturali a bassa lavorazione. Riduci il consumo di bevande analcoliche, succhi confezionati, snack e dolci industriali.

Aumento del consumo di alimenti vegetali
Quando raccomando un aumento del consumo di alimenti a base vegetale, non mi riferisco solo alla frutta e alla verdura. Dobbiamo anche aumentare il consumo di legumi, noci, semi e cereali integrali.

Imposta un orario per mangiare
Portare un ordine nei pasti faciliterà il processo di
cambiamento delle abitudini. Una dieta disordinata
favorisce voglie, abbuffate e scelte sbagliate quando si
mangia cibo.

Abitudini

"Mangiare è una necessità, ma mangiare in modo intelligente è un'arte."

Formato dei pasti

1. Prenditi del tempo per i tuoi pasti ogni giorno.
   - Siediti per mangiare i tuoi pasti o snack senza fare altre cose.
   - Concedi tempo adeguato per i tuoi pasti. Mangia lentamente e mastica bene.
   - Smettila di mangiare tre ore prima di coricarti. Mangia in modo ordinato.
   - Evitare di mescolare cibi nello stesso boccone.
2. Imposta il tuo programma giornaliero.
   - Alzati presto e vai a dormire prima di mezzanotte. Mantieni regolari gli orari dei pasti.
3. Dieta: Contenuto e qualità dei pasti.
   - Mangia due o tre pasti completi ed equilibrati dal punto di vista nutrizionale ogni giorno.
   - Pianifica ogni pasto intorno a cereali cotti e prodotti a base di cereali. Completa ed equilibrare ogni pasto con uno o due piatti di verdure.

4. Fai le tue attività quotidiane.
   - Cammina per trenta minuti ogni giorno.

- Concediti uno sfregamento giornaliero del corpo.
- Coltiva e prenditi del tempo per gli hobby.
- L'esercizio fisico legato alla vita offre il massimo beneficio per una salute duratura.

5. Creare un ambiente più naturale.
- Circondati di piante verdi, specialmente nella camera da letto, nella cucina, nei bagni e nell'ufficio o nello spazio di lavoro.
- Indossa abiti di puro cotone accanto alla tua pelle.
- Usa materiali naturali come legno, cotone, seta e lana nella tua casa.

6. Fai funzionare la tua pratica.
Mantenere il formato del pasto migliora la tua capacità di fare scelte alimentari più sane.
- Tieni un registro giornaliero dei tuoi pasti per aiutarti a diventare più obiettivo sulla tua pratica.
- Coltiva lo spirito di salute.
- Sii aperto, curioso e infinitamente riconoscente di tutta la vita. Impara ad essere adattabile e flessibile nella tua pratica per manifestare l'eccellente risultato.
- Sviluppa una forte volontà, abitudine e la determinazione a creare la tua salute.

- Crea un supporto di rete di buona qualità e impara a cucinare molto bene. Sii preciso nella tua pratica.

Stili di cottura

Prova a utilizzare un'ampia varietà di stili di cottura quando prepari i tuoi pasti. Per l'uso quotidiano, consiglio la cottura a pressione, l'ebollizione, la sbiancatura, la cottura a vapore, la cottura a vapore con alghe kombu, la produzione di zuppe, lo stufato, la rapida soffriggere con acqua o olio, saltare e cuocere a fuoco lento, pressare e decapare.

Durante la pianificazione dei pasti, selezionare gli alimenti all'interno delle seguenti categorie: cereali integrali, zuppe, verdure, fagioli, verdure di mare, cibi e bevande speciali. Utilizzare diversi metodi di cottura dall'elenco precedente. Tieni presente che è meglio non fare pressione per cuocere le verdure. Inizia con quegli stili di cottura che sono familiari. Se possibile, prendere corsi di cucina di cibi macrobiotici o naturali. Leggi i libri di cucina per ispirarti e insegnarti.

Le verdure possono essere tagliate in vari modi. Prova a tagliarli in proiettili o mezze lune. È possibile tagliare le fette direttamente attraverso o sulla diagonale e variare lo spessore delle fette. Diversi metodi hanno effetti sottilmente diversi sul sapore e sull'aspetto di qualsiasi piatto prepari. Variare i tipi di condimenti e condimenti che si utilizzano. Usa condimenti diversi nei piatti che conosci e prendi nota di come solo un piccolo cambiamento nel condimento di un piatto possa produrre una grande differenza di gusto.

Prova a condire lo stesso piatto con un po' più o meno di quello che usi di solito. Il tipo e la quantità di condimento faranno emergere diversi aspetti del sapore e possono alterare sottilmente la consistenza di un piatto. Alcuni condimenti rassodano un piatto, per così dire, mentre altri hanno un effetto ammorbidente. È importante variare il tempo di cottura delle verdure. La maggior parte di noi potrebbe usare verdure più leggermente cotte nella nostra dieta.

Cosa intendo con un ortaggio leggermente cotto? È uno che fa un suono croccante quando ci mordi. Il suono dovrebbe essere udibile da qualcuno seduto accanto a te. Nessun suono significa che il vegetale è troppo cotto. Includi una combinazione settimanale di piatti di verdure ben cotti e leggermente cotti.

Sperimenta i tempi di cottura. Cucina piatti familiari un po' più a lungo o per un po' meno tempo. E, non dimenticare che sottaceti, insalata pressata e cruda fa parte della dieta macrobiotica. Prova a variare l'intensità della fiamma quando cucini. Lo stesso piatto può avere un sapore molto diverso a seconda che sia stato cucinato lentamente o rapidamente. Molte persone usano troppo fuoco durante la cottura. Sembra essere una tendenza naturale a accendere la fiamma il più in alto possibile, che sia necessaria o meno. L'uso eccessivo di una fiamma alta nella tua cottura può renderti nervoso o irritabile. Usa una fiamma media quando vuoi portare qualcosa a ebollizione. Se necessario, puoi sempre alzarlo alla fine della cottura. Di conseguenza ti sentirai più calmo e più stabile. Variare la combinazione di piatti che si utilizzano nei pasti. Cambia un solo piatto e hai aggiunto un nuovo pasto al tuo repertorio. E variare la combinazione di verdure, cereali, fagioli e condimenti che usi nei tuoi piatti. Cuocere il cibo un po' più a lungo in inverno per un effetto riscaldante ed energizzante.

Cucinare il cibo un po' meno in estate produrrà un effetto rinfrescante e rilassante. Cerca di creare una varietà di colori, gusto e consistenza nei tuoi pasti. Varietà significa utilizzare molti ingredienti diversi da ciascuna delle diverse categorie, cambiare il metodo di preparazione e cambiare le combinazioni di cibo. Immagina come sarà il pasto sul piatto; immaginare come avrà un sapore. Ricorda che la varietà crea interesse e soddisfazione. E, non dimenticare mai che il cibo è pensato per essere sia nutriente che delizioso.

Prime considerazioni:

- Cereali e verdure insieme costituiscono la base di un'alimentazione completa ed equilibrata.

- Tutto il cibo ha proteine. Non è necessario fare uno sforzo speciale per aumentare le proteine nella dieta. È quasi impossibile diventare carenti di proteine.
- Una varietà di alimenti vegetali fornisce la nutrizione più abbondante ed equilibrata disponibile: minerali, tra cui calcio, proteine, carboidrati, grassi, tra cui omega 3, e vitamine, compresa la vitamina C.
- Fagioli e pesce possono essere inclusi nello stesso pasto.
- Seitan, un prodotto a base di glutine di grano, magari cotto con cereali o fagioli.
- Quando piani del tuo pasti giornalieri, prova a seguire l'ordine qui sotto:
- Decidi sempre prima il grano o il prodotto di grano.
- Quindi scegli il piatto vegetale o i piatti che completano e armonizzano il grano.
- Successivamente, decidi la zuppa per completare ulteriormente il pasto.
- Infine, supplemento con cibi delle altre categorie, principalmente fagioli, verdure di mare, semi, noci, pesce, frutta, snack, dessert, dolci e bevande, se lo si sceglie.
- Usa queste linee guida, sia che tu mangi a casa o fuori.

Domande da porre quando si pianifica ogni pasto:
- Quali cereali o prodotti a base di cereali voglio?
- Quali piatti di verdure voglio?
- Saranno preparati al momento o avanzi?

Domande da porre ogni giorno:
- Che zuppa devo avere oggi?
- Devo includere il riso integrale in uno dei miei pasti oggi?
- Sto includendo una varietà di ben cotti e leggermente cotti?

Quando pianifichi i tuo pasti giornalieri, prova a seguire l'ordine qui sotto:
- Decidi sempre prima il grano o il prodotto di grano.
- Quindi scegli il piatto vegetale o i piatti che completano e armonizzano il grano.
- Successivamente, decidi la zuppa per completare ulteriormente il pasto.
- Infine, supplemento con cibi delle altre categorie, principalmente fagioli, verdure di mare, semi, noci, pesce, frutta, snack, dessert, dolci e bevande, se lo si sceglie.
- Usa queste linee guida sia che tu mangi a casa o fuori

Abitudini che conducono una vita sana e aumentano la produttività

Abitudine dietetica sana per essere più produttivi.
Per essere felici dal vivo, vogliamo essere produttivi, e per questo, dobbiamo seguire un metodo dietetico sano comprovato.
Vuoi ottenere un risultato migliore nella tua attività quotidiana? Questa dieta comprovata aiuterà a renderlo possibile. Segui le abitudini che presento di seguito e sono molto fiducioso che la tua produttività verrà moltiplicata in modo esponenziale.

1. **Riempire i serbatoi di energia con carburante adeguato**

La qualità dei carboidrati è fondamentale. I carboidrati complessi, presenti nelle verdure amidacee e nei cereali integrali, sono legati a un peso più sano e a un ridotto rischio di diabete di tipo 2 e malattie cardiache.
Il corpo trova difficile abbattere carboidrati complessi, il che è buono poiché vengono lentamente digeriti, quindi anche l'assorbimento degli zuccheri avviene gradualmente.
Gli aumenti della glicemia e dei livelli di insulina sono abbastanza moderati da non immagazzinare il grasso corporeo. Inoltre, questi carboidrati fanno bene alla flora intestinale, in quanto aiutano a rafforzare il sistema immunitario e ridurre l'infiammazione.

Infine, la maggior parte degli alimenti che contengono carboidrati complessi sono anche ricchi di fibre, che regola la glicemia e ti aiuta a sentirti pieno.

2. Carboidrati raffinati

Al contrario, i carboidrati raffinati, come pane bianco, succhi, biscotti e patatine, hanno l'effetto opposto. Aumentano la glicemia, causando un aumento alle stelle dei livelli di insulina. Producono anche sostanze che causano infiammazione intestinale.

Se si opta per carboidrati raffinati, malfunzionamenti metabolici, alti trigliceridi, obesità e altre malattie di accompagnamento sono quasi garantiti.

Ovviamente, la produttività diminuirà. Quindi meglio optare per carboidrati complessi.

Mangiare una dieta sana non significa eliminare i carboidrati ma scegliere quelli buoni.

3. Le dimensioni contano

"Anche se qualcuno potrebbe trovarlo un po' divertente", mi dispiace dirti che le dimensioni contano. Immagina che sia ora di pranzare al lavoro. "Sei andato in frigo e" srotonato" Hai tolto l'insalatiera che tua madre ha preparato per te. Inizi a mangiare, e quando hai notato di aver mangiato quasi 3/4 di un chilo di insalata che si aggiungeva all'acqua e il frutto ti ha fatto non essere in grado di scuotere.
Sì, stai mangiando sano, ma amico, hai mangiato molto cibo. La tua testa si preoccuperà più di lamentarti di quanto ti senti male a mangiare "Pecha" che ad essere produttivo sul lavoro.
Ovviamente, la tua produttività sarà ridotta dopo pranzo. Quindi, sai, mangia l'insalata, ma rendila una porzione normale. Che segui una dieta sana non significa che devi metterti alle maniglie.

4. Non usare il pranzo per finire gli affari incompiuti

Forse pensi che recuperare le e-mail o altre faccende durante il pranzo ti aiuterà ad andare avanti. Invece, quello che accadrà è che non riposerai. Entrerà nel circolo vizioso di essere continuamente stanco.
Di conseguenza, i lavoratori che saltano il pranzo sono più stressati e meno produttivi di quelli che non lo saltano.
Sai, rilassati e divertiti a fare quello che non puoi fare mentre lavori. Mangia in modo sanitario, leggi un libro, esci con un amico o un partner o fai esercizio fisico

5. Idratare correttamente

Sappiamo tutti che per migliorare e mantenere una salute invidiabile, dobbiamo esercitare, seguire una dieta sana e riposare.

L'altro elemento che di solito viene dimenticato è l'idratazione. Beh, un grave errore. L'idratazione è vitale sia per le prestazioni fisiche che mentali.

I nostri cervelli sono fatti di circa il 70% di acqua mentre i nostri corpi sono fatti di circa il 50-75% di acqua, a seconda dell'età e del sesso. Pertanto, non sorprende che non essere ben idratati possa influenzare sia il nostro atteggiamento sul lavoro che le nostre prestazioni.

Altre ricerche hanno dimostrato che anche una riduzione dei livelli di idratazione di appena il 2% del peso corporeo può influenzare negativamente i livelli di umore, affaticamento e vigilanza.

In altre parole, l'acqua ha anche molto a che fare con la produttività.

lista di controllo

Per garantire un adeguato apporto giornaliero di acqua:

- Inizia la giornata con due bicchieri d'acqua.
- Bevi prima di andare al lavoro.
- Metti una bottiglia d'acqua nella tua borsa da lavoro.

Questo ti assicurerà di bere tutto il giorno. Utilizzare il colore delle urine come indicatore di idratazione. Deve essere trasparente. Più scuro è, la tua urina, peggio sei idratato.

Se hai mal di testa, ti senti stanco o hai sintomi legati alla disidratazione, inizia bevendo un bicchiere d'acqua.

Per me, l'idratazione è una parte fondamentale di uno stile di vita felice e sano. E, naturalmente, una giornata produttiva.

Tenere registri della dieta precedente

Buone abitudini alimentari, passi uno e due, sono i fattori di controllo in buona salute. Il punto qui è che mantenendo il formato dei pasti, abbiamo automaticamente linee guida chiare sulle scelte alimentari sagge in qualsiasi circostanza, sia che stiamo mangiando a casa, in un ristorante o su un aereo aero. Come ho detto prima, l'errore più grande che la maggior parte delle persone **commette è concentrarsi su Dieta:** contenuto e qualità piuttosto che su Abitudine alimentare: Formato **dei pasti**. Le abitudini alimentari sono ciò che ci tiene in pista

Mangiare a casa contro mangiare fuori

Le scelte alimentari che sono chiare quando mangiamo a casa possono sembrare torbide quando mangiamo fuori. Quando siamo a casa; possiamo scegliere riso integrale a grana corta di altissima qualità coltivato biologicamente, verdure biologiche, riso della migliore qualità e così via. Se siamo in balia di un ristorante mediocre, potremmo ordinare riso bianco e broccoli al vapore (forse anche congelati). La qualità è inferiore, sì, ma il formato è intatto. Abbiamo un grano e un vegetale sul piatto. La qualità può sempre essere regolata verso l'alto o verso il basso, a seconda di dove ci troviamo. Naturalmente, il grado di aggiustamento dipende dalla nostra condizione. Dobbiamo chiederci: "Cosa può permettersi la mia salute in questo momento? Quanto posso essere liberale?

Per quanto semplice possa sembrare, la maggior parte delle persone vede poca o nessuna connessione tra i pasti a casa e i pasti fuori casa. A casa, si prendono cura di fare buone scelte, ma quando mangiano fuori, spesso buttano via le linee guida, il che significa il formato dei pasti e scelgono ciò che li attrae. Si tratta di un grave errore. Il formato è ciò che ci aiuta a mantenere la nostra direzione verso la salute. Se, tuttavia, crediamo che contenuti e qualità siano più critici del formato e "non possiamo ottenere riso biologico a grani corti, la tentazione è quella di abbandonare anche il formato. Una volta creata la separazione nella nostra mente tra ciò che mangiamo a casa e ciò che mangiamo fuori, ne consegue che iniziamo a vedere il cibo in bianco e nero. Pensiamo, "Ho mangiato qualcosa che non avrei dovuto", sono fuori dalla dieta, sono nei guai, non posso mai mangiare fuori, è troppo difficile. Ma, se ci concentriamo sul formato ovunque ci troviamo, faremo automaticamente le scelte più sagge possibili e continueremo a muoverci nella direzione della salute.

Il secondo errore più grande Diamo un'occhiata a mantenere la direzione verso la salute da un'altra angolazione; struttura (un'altra parola per Formato) rispetto alla varietà. Il secondo errore più grande che la maggior parte delle persone fa è quello di permettere alla struttura, che dovrebbe essere stretta, di liberarsi. Una volta che ciò accade, il bisogno di varietà diminuisce e alla fine cambia in un modello di ripetizione, uno schema che ci allontana dalla salute. Se le gambe di un tavolo sono allentate, si può dire che il tavolo abbia una struttura traballante. Riesce a malapena a sostenersi. Se rimuoviamo del tutto le gambe, il tavolo crollerà completamente. O per usare ancora una volta il modello della Natura, il sole sorge e tramonta ogni giorno, un fenomeno che fa parte della struttura dell'universo. Se il sole" non sorge o tramonta, è tutto finito per il pianeta. Allo stesso modo, una volta che lasciamo andare la struttura o il formato, ci mettiamo su un percorso lontano dalla salute.

Ecco i principali segnali di pericolo:

- Non ti siedi e prenditi del tempo per i tuoi pasti.
- Fai altre cose mentre mangi.
- I tuoi pasti diventano irregolari.
- Smetti di avere un grano e verdure ad ogni pasto. Come funziona?

Diciamo che vuoi pranzare alle dodici e mezza, non più tardi dell'una, ma sei troppo occupato per mangiare. Quando mangi, il tuo appetito è completamente alterato perché la glicemia è diminuita. La glicemia bassa significa che per sentirsi soddisfatti, o devi mangiare più del solito - in altre parole, mangiare troppo - o devi avere qualcosa di dolce. Ne consegue che una volta dopo aver mangiato un pranzo tardivo; non hai appetito per la cena all'ora normale. Se ti a mantieni l'ora di cena normale ma mangi meno del solito, un'ora o due dopo " vuoi uno spuntino. Oppure, invece di cenare alle sei, diciamo che decidi di mangiare alle otto e mezza. Ad ogni modo, non avrai tre ore complete tra la cena e l'ora di andare a dormire poiché devi andare a letto a un'ora ragionevole per alzarti presto la mattina successiva. "Non dormi molto bene quella notte (nessuno dorme bene a stomaco pieno). È difficile alzarsi la mattina dopo e, quando ti trascini dal letto, "non ti senti rinfrescato. Puoi vedere come un cambiamento nella struttura o nel formato porta inevitabilmente a un altro e come, alla fine, questi cambiamenti ti porteranno lontano dalla salute. Sebbene avere un grano e un vegetale con ogni pasto sia sotto il titolo di Dieta, c'è una sovrapposizione con Format. Il pasto che ti siedi a mangiare deve qualificarsi come pasto, il che significa che deve contenere un grano o un prodotto a base di cereali e un vegetale. Quando smetti di avere sia un grano che un vegetale ad ogni pasto, più comunemente quel pasto è la colazione, ed è la verdura che scompare dal piatto. Se "hai raggiunto questa fase, puoi praticamente presumere" di aver iniziato a perdere la direzione. Stai andando fuori pista.

Equilibrio e squilibrio si perpetuano

Uno dei principi guida della vita è che l'equilibrio si perpetua. E, come si potrebbe sospettare, anche lo squilibrio si perpetua. Man mano che lasci andare sempre più della struttura, inizi a sentire sempre più pressione. Potresti credere che l'accumulo di stress deriva dal dover visitare il mercato, preparare e cucinare il cibo o dalla pressione di dover mangiare in un momento normale, ma non credo. Penso che sia vero il contrario. Il solito modello è che ti senti affrettato, quindi inizi a correre i tuoi pasti. Più affrettiamo i nostri pasti, più ci sentiamo affrettati. Sedersi e prendersi del tempo per i pasti, in realtà allevia la pressione. Se pensi a un pasto come a un momento per ricaricare, riorientare e ritrovare l'equilibrio, se non importa quanto ti senti stressato ti prendi il tempo di sederti, mangiare lentamente e masticare bene quando finisci di mangiare ti sentirai rinfrescato e calmo. Tutte le decisioni che prendete in questo stato d'animo sono destinate ad essere più sagge di quelle prese sotto pressione.

Alcune persone trovano utile pensare alla masticazione come a una forma di meditazione, un po' come le pratiche respiratorie. Il risultato in entrambi i casi è una maggiore chiarezza mentale ed emotiva e una sensazione di profonda calma. Ricorda, è essenziale venire al tavolo pronti a masticare. Prima di sederti, chiediti. "Quali sono le mie priorità?" Se una buona salute è una di queste, prenditi del tempo per il tuo pasto, mangia lentamente il tuo cibo e masticalo bene.

Struttura contro varietà

Torniamo alla struttura rispetto alla varietà. Ho detto prima che quando la struttura si scioglie, la necessità di varietà diminuisce - o potremmo dire, si stringe - e alla fine, la ripetizione sostituisce del tutto la varietà. In effetti, la polarità è invertita. **Cosa intendo con questo?** Permettetemi di iniziare con una premessa di base: più cerchiamo varietà, più nutrizione otteniamo dal nostro cibo. Se mangiamo gli stessi pochi cibi più e più volte, alla fine non succede molto. Se qualcuno ripete la stessa cosa più e più volte, eppure smetti di sentire ciò che viene detto. Va in un orecchio e fuori dall'altro. Non è diverso con il cibo. Da un lato e dall'altro, senza molti vantaggi. Sfortunatamente, spesso non notiamo che questo sta accadendo. 'E' difficile essere consapevoli di ciò che stiamo mangiando giorno per giorno. Il cibo è la cosa più vicina a noi, quindi non abbiamo il vantaggio della prospettiva.

Pensiamo di avere varietà, e mangiamo verdure sbollentate, al vapore e saltate ogni giorno; mangiamo cereali diversi, farina d'avena, riso integrale, miglio, orzo dov'è la ripetizione in tutto questo? Ogni mattina abbiamo farina d'avena e cavolo al vapore; per pranzo, abbiamo riso e broccoli sbollentati e cavoli; per cena, zuppa di riso, riso con semi di sesamo, verdure miste saltate, insalata pressata con cavolo Nappa. Non è varietà? No. È ripetizione. Prendere diversi piatti e ripeterli giorno dopo giorno è ripetizione. Avere broccoli sbollentati e cavoli ogni giorno a pranzo è ripetizione. Avere farina d'avena per colazione ogni mattina è ripetizione. L'appetito è stimolato dalla varietà. Anche la varietà crea soddisfazione. Se ci manca varietà sia negli ingredienti che nella preparazione, non ci sentiamo soddisfatti del nostro cibo, e quindi mandiamo troppo a pasto e spuntino prima di andare a letto.

attrazioni:

- Buone abitudini alimentari, passi uno e due, sono i fattori di controllo in buona salute.
- Buone abitudini alimentari aumentano la tua capacità di fare scelte sane.
- Quando viaggi o mangi fuori, mantieni il formato di cereali e verdure come base per un pasto. La qualità può essere regolata verso l'alto o verso il basso.
- Il riso bianco o la pasta commerciale è una scelta migliore che andare senza cereali.
- La zuppa di verdure commerciale è una scelta migliore di nessuna zuppa.

Tieni traccia del tuo obiettivo dietetico quotidiano

Alla base di tutto ciò che è stato fatto finora in questo libro c'è la domanda fondamentale, come possiamo continuare a muoverci nella direzione della salute? Tenere un libro di menu o un diario, se si preferisce chiamarlo così, è il modo migliore che conosco. È difficile essere consapevoli di ciò che stiamo facendo giorno per giorno, specialmente per quanto riguarda la dieta. Come ho detto prima, il cibo è la cosa più vicina a noi, quindi è difficile essere obiettivi. Il potere di un libro di menu è che ti consente di vedere se stai davvero ottenendo abbastanza varietà. Inserisci la data, l'ora e il menu per ogni pasto, spuntino o mordicchia che passa le tue labbra insieme a un breve commento su come ti sei sentito quel giorno. Rivedi il tuo libro dei menu ogni tanto e rifletti sul suo contenuto. È difficile essere obiettivi quando si immettono informazioni. L'obiettività arriva più tardi.

In questo modo, saprai se stai ottenendo o meno varietà. Tenere un libro di menu giornaliero toglie le congetture dal tenere traccia dei cambiamenti nella tua salute. (Non è necessario includere ricette, anche se potresti, se lo desideri.) Il tuo libro dei menu può essere semplice o dettagliato come ti interessa farlo. Alcune persone tengono traccia delle loro funzioni quotidiane e del loro cibo quotidiano: movimenti intestinali, ora di andare a dormire, schemi di sonno, stati d'animo e così via. Guardando indietro, puoi vedere come ti sentivi fisicamente, mentalmente ed emotivamente in un dato giorno. Quindi puoi iniziare a correlare ciò che hai mangiato o fatto in un particolare giorno con come ti sei sentito quel giorno.

Per esempio: l'ho fatto, e mi sono sentito davvero bene: il mio pensiero era chiaro, ho mangiato questo e non mi sentivo molto bene, l'ho fatto, ed ero irritabile, l'ho fatto ed ero esausto. Non puoi imparare questo genere di cose a scuola. Come alcuni alimenti, modelli e comportamenti influenzano, puoi solo essere autodidatta. Se scrivi solo una frase o due ogni giorno, dovrebbe essere sufficiente per fare jogging nella tua memoria e aiutarti a scoprire se stai davvero facendo quello che pensi di fare. Non posso sottolineare abbastanza l'importanza di tenere un libro di menu. È un modo per misurare quanto sia serio il tuo impegno per migliorare e rafforzare la tua salute. Devo confessare che non ho mai tenuto un libro di menu ma, in passato, durante gli anni in cui insegnavo più volte alla settimana, ho tenuto una sorta di diario. Ho inserito il contorno di ogni classe che ho dato insieme ad alcuni commenti, non importa quanto spesso insegno lo stesso argomento. È interessante guardare indietro a questi diari. Ci sono momenti in cui ho pensato che la mia condizione fosse buona, e il mio pensiero ordinato, ma il mio disco mostra il contrario. Oppure, guardando indietro ad altri periodi in cui i miei appunti indicano che la mia condizione era spenta, posso vedere dal contorno della mia classe che il mio pensiero era ovvio e ordinato. Il punto è che quando sei in preda al fare qualcosa, è quasi impossibile essere obiettivi. Ma quando guardi indietro, spesso puoi vedere la verità. Un'ultima osservazione su questo punto: potresti pensare di non aver bisogno di farlo, sei un cuoco esperto, non hai bisogno di migliorare la tua cucina.

Lascia che ti assicuri che anche i cuochi esperti e di lunga data tengono libri di menu. Posso garantire che se ne tieni uno, la tua pratica migliorerà, così come la tua cucina. L'obiettività è la chiave. Puoi vedere dove sei stato in ritardo o sei andato in mare.

attrazioni:

- Tieni un libro duro o a spirale nella tua cucina per registrare i tuoi menu e snack.
- Tieni appunti sulle tue attività, sintomi e sentimenti generali.
- Fai riferimento ai giorni, alle settimane e ai mesi precedenti per vedere tutti i modelli che emergono dalla tua pratica.
- Mantenere un libro di menu giornaliero è uno dei modi migliori per migliorare la tua pratica e scoprire i tuoi errori.
- Tale diario ti consente di valutare la tua pratica e i suoi benefici in modo più oggettivo

Abitudini e cibo sano?

Un cambiamento nelle abitudini che porta a uno stile di vita sano ci fornirà numerosi benefici. All'interno di uno stile di vita sano, il cibo è uno dei tre pilastri fondamentali. Gli altri due sono l'esercizio fisico e il sonno.

Beneficio delle linee guida per una dieta sana

Una dieta sana è una chiave vitale per vivere una vita felice e produttiva. Di seguito sono riportati i benefici comprovati che seguono il controllo della dieta.

Avere più energia: un adeguato apporto di calorie e sostanze nutritive ci fornisce abbastanza energia per mantenere le attività che svoliamo. Se mangiamo calorie vuote o con una scarsa scorta di sostanze nutritive, ci sentiremo stanchi e mancherà di energia.

Proteggere la salute cardiovascolare: Un consumo adeguato di grassi aiuterà a migliorare il profilo lipidico, ridurre il colesterolo e migliorare la salute cardiovascolare.

Migliora la qualità della vita: un peso adeguato e l'assenza di malattie legate al cibo migliorano notevolmente la qualità della vita.

Ottieni un maggiore benessere: un modello alimentare corretto e ordinato ti aiuta a sentirti bene non solo fisicamente, ma anche emotivamente.

Prevenire le malattie: Malattie legate al cibo, come obesità, diabete 2 e ipertensione, possono essere prevenute e possono anche essere migliorate e persino invertite con un cambiamento abita.

Migliora il tuo aspetto fisico: È noto che una dieta equilibrata e varia aiuta a mantenere un buon peso e migliora anche l'aspetto sia della pelle che dei capelli.

Chiarezza mentale

"La cattiva salute, del corpo o della mente, è la sconfitta. La salute da sola è una vittoria. Lasciate che tutti gli uomini, se riescono a gestirlo, escogitare per essere sani.

Stato mentale e cibo

L'influenza del cibo sul nostro benessere mentale si basa su diversi elementi complessi. Non solo alcuni alimenti possono avere un effetto positivo sulla nostra felicità, ma il nostro stato mentale gioca un ruolo importante sulla nostra felicità.

Anche fattori come la qualità del cibo e l'esperienza di godimento durante il consumo, così come il modo in cui viene consumato, sono importanti.

La serotonina è un esaltatore di felicità

La sostanza messaggera serotonina è uno dei fattori decisivi per aumentare la felicità. Oltre al nostro umore, questo controlla anche la temperatura corporea, il ritmo del sonno e il desiderio sessuale. In concentrazioni più elevate, la serotonina, nota anche come "ormone della felicità", può avere un effetto positivo sull'umore di una persona. D'altra parte, se la concentrazione di serotonina nel corpo è troppo bassa, questo offusca il nostro umore. La sostanza messaggera può essere assorbita attraverso il cibo. Tuttavia, ciò che è più importante è la produzione di serotonina del corpo nel cervello, che può essere promossa attraverso una dieta equilibrata.

Aumento della concentrazione di serotonina

Tuttavia, una dieta equilibrata può promuovere indirettamente la produzione di serotonina del corpo. La concentrazione di serotonina aumenta aumentando l'assunzione di sostanze che producono serotonina.

L'organismo ha bisogno dei seguenti "ingredienti" per sintetizzare la sostanza messaggero:

Il triptofano di base, il precursore della serotonina, è un amminoacido che si trova in alimenti come pesce, latte e prodotti a base di soia, ma anche in Brasile noci, prugne, ananas o farro. Per inciso, l'assunzione di triptofano viene rallentata mangiando cibo ricco di proteine, quindi è consigliabile adottare una dieta a basso contenuto proteico.

I carboidrati sono fondamentali perché promuovono il trasporto del triptofano e il suo assorbimento nel cervello. Pasta, patate o cibi zuccherati come il cioccolato sono ricchi di carboidrati.

Il magnesio può essere trovato nei broccoli, nel cacao o nei prodotti a base di soia, ad esempio. Per una sensazione stabile, hai bisogno di una dieta molto varia ed equilibrata.

Soul Food: Questi alimenti ti rendono felice

Gli alimenti che contengono molti degli ingredienti necessari per la produzione di serotonina sono particolarmente popolari come cibo per l'anima. Questi includono, ad esempio:

- Frutta secca come datteri e fichi
- Cioccolato fondente
- prodotti integrali
- Banane
- Avocado
- noci

Mangiare mentale

Guarigione emotiva attraverso il cibo

Il cibo è uno strumento eccellente per poter fare una disintossicazione a livello fisico, mentale, emotivo e spirituale che ci porterà ad alcuni benefici strettamente legati alla guarigione emotiva. Pulire ed eliminare le tossine dal nostro corpo e continuare con abitudini di vita sane ci aiuta ad avere più chiarezza mentale. Questo ci aiuta ad essere più consapevoli delle nostre emozioni, a rilevare meglio ciò che ci accade fisicamente ed emotivamente, a incontrarci di nuovo con i nostri desideri e bisogni più profondi e a resettare i nostri organi. Grazie a tutto questo, sarà inevitabile che i successivi cambiamenti emotivi verranno, progressivamente, più profondi.

La ricerca mostra molte persone che hanno fatto un programma online o faccia a faccia con un esperto su come è successo qualcosa di magico a causa del cambiamento delle abitudini alimentari e dello stile di vita. Hanno preso la decisione e le azioni necessarie per cambiare tutto ciò che non funziona più nella loro vita. Grazie ai primi cambiamenti nella dieta, ne sono seguiti altri molto profondi e, soprattutto, essenziali perché erano la radice delle loro cattive abitudini alimentari e dei comportamenti dannosi con il cibo. In realtà, questo è quello che mi è successo.

Mangiare un pasto altamente nutriente e sano ci aiuta a prendere coscienza di ciò che funziona nella nostra vita e di ciò che non lo è. Ma questo non significa che risolviamo ciò che dobbiamo risolvere. Da questa realizzazione inizia il percorso di guarigione emotiva, che il più delle volte, non possiamo fare da soli o solo con qualsiasi cibo. Tuttavia, dobbiamo ricorrere a un professionista che ci guida, ci accompagna e strumenti per imparare a vivere la vita da un altro punto di vista. Non mi stancherò mai di ripetere che ci **sono due modi di vivere:** uno è **per paura,** che ci porta a soffrire di ansia, voglie, fame emotiva, attacchi di panico, ossessione per il cibo, relazioni tossiche con gli altri e con noi stessi, pensieri negativi, colpa costante e stress, mentre l'altro è **dall' AMORE,** cioè dove abbiamo relazioni sane che ci aggiungono, pensieri positivi, ci osserviamo con curiosità, siamo gentili con noi stessi e gli altri, mettiamo da parte le critiche per essere tolleranti e flessibili, e ansia, colpa, stress ed esaurimento si dissipano dalla nostra vita.

Quando mangiamo cibo sano, iniziamo a sperimentare più energia e siamo più proattivi e co-creatori della nostra realtà. Il nostro paradigma di cos'è la vita e di come ci relazioniamo ad essa cambia. Smettiamo di vederci vittime di ciò che ci accade e ne passiamo la responsabilità. Apprezziamo tutto ciò che accade perché lo fa in modo da imparare qualcosa, ma anche perché sappiamo che dal momento in cui ci accade, significa che la Vita lo ha già accettato. Troviamo il nostro scopo e conosciamo il nostro contributo di valore e, in ultima analisi, conosciamo noi stessi. Questa conoscenza di sé è ciò di cui abbiamo bisogno per smettere di agire in modo autodistruttivo, per ascoltare ciò di cui il nostro corpo ha davvero bisogno e per guarire noi stessi emotivamente. Se non ci conosciamo, non possiamo accettare noi stessi. Se non ci accettiamo, non ci amiamo. Se non ci amiamo, non ci rispettiamo. Se non rispettiamo noi stessi, non mangiamo ciò che ci nutre davvero dall'interno verso l'interno. All'inizio è così facile eppure così complicato perché siamo molto impigliati nella nostra mente e nelle nostre emozioni, e viviamo disconnessi dalla nostra essenza.

Guarigione emotiva e alimentazione sana

Per me, la guarigione emotiva e il cibo sano vanno di pari passo mentre la combinazione dei due porta alla felicità. Una persona che mangia cibo sano, energico e nutriente diventerà felice. Guarisci le loro emozioni più rapidamente e facilmente perché sono più svegli, più presenti, più consapevoli di tutto e non saranno in grado o non vogliono chiudere gli occhi sulla loro realtà. E una persona emotivamente sana mangerà facilmente cibi che li nutrono veramente e non ricorrerà a cibi falsi che tolgono la loro energia. Mettili di cattivo umore, causa cattiva salute fisica o devi coprire o eludere con il cibo. Cioè, non metterai in pericolo il tuo benessere con cibo falso. Perché se amiamo, accettiamo e rispettiamo tutto ciò che scorre: mangiamo cibi benefici, vogliamo muovere il nostro corpo, interagiamo con persone che sono nella stessa energia, otteniamo il lavoro che si adatta al nostro modo di essere, apprezziamo ogni giorno. E siamo in pace con la vita e il nostro ambiente.

Per ottenere una buona salute emotiva, dobbiamo prestare attenzione al nostro corpo fisico. Abbiamo bisogno di nutrire il nostro corpo con cibi reali che non causano un'alterazione nel nostro intestino poiché milioni di batteri si trovano in loro con una relazione diretta con la nostra salute emotiva. La ricerca ha svelato che sono già stati condotti studi sull'uomo in cui il microbiota (flora intestinale) di persone sane viene confrontato con quello di altri che hanno una particolare malattia. È stato visto che modificare l'ecosistema intestinale o le sue funzioni può ridurre gli stati di ansia. Le persone con disturbi gastrointestinali, come la sindrome dell'intestino irritabile, sono state osservate che hanno problemi come depressione o persino ansia. In questi pazienti con disturbi mentali, la metà è stata osservata avere problemi con l'apparato digerente.

La nostra carrozzeria emotiva richiede un'attenzione adeguata. Questo obiettivo può essere raggiunto correggendo ciò che ci impedisce di brillare. Affinché il nostro corpo mentale cambi quelle credenze e quei pensieri che ci limitano e al nostro corpo spirituale per trovare il nostro contributo di valore e il nostro scopo, vi invito ora a riflettere su ciò che cercate veramente di guarire guardando dentro. Cosa ti impedisce di vivere per amore?

Nel frattempo, scrivi anche in un quaderno qual è il piccolo cambiamento nelle abitudini o nella dieta che farò per iniziare questo viaggio di guarigione iniziato QUI oggi. Hai appena preso un impegno con te stesso sapendo che la guarigione emotiva è il risultato di un processo di conoscenza di te stesso che non viene fatto da un giorno all'altro e che nessuno farà per te. Quindi **CONGRATULAZIONI!**

Gli alimenti, oltre ad essere gustosi, ci danno energia, sono il carburante per il nostro corpo e ci confortano in situazioni stressanti. Ma il cibo può migliorare la tua memoria o aiutarti ad essere più intelligente? Diversi tipi di ricerca hanno dimostrato che alcuni alimenti hanno sostanze nutritive che possono rafforzare la nostra memoria o capacità di concentrazione.

Negli anni '90, i ricercatori hanno scoperto che quando gli adulti ascoltano la musica di Wolfgang Amadeus Mozart, si eseguano meglio nei test di intelligenza. Da allora sono stati fatti numerosi studi sugli alimenti per sapere quali aumentano l'intelligenza.

Alcuni alimenti possono aiutare ad aumentare il tuo potere cerebrale, cancellare la tua confusione mentale e rendere rapide le tue abilità di pensiero.

Per fare quello che ho fatto per sentirmi in pace e tranquillità con ciò che mangi, ecco un elenco di quegli alimenti che ti aiuteranno ad aumentare la tua chiarezza mentale, superare l'ansia, lo stress, l'insonnia, recuperare le mense o guarire la disiosi intestinale e la capacità di pensare in modo da includerli nella tua dieta quotidiana:

1. Pesce azzurro (salmone, sardine)

Più della metà della massa cerebrale è composta da lipidi, e più del 65% di questi sono acidi grassi che appartengono alla famiglia Omega. Questi grassi sono vitali per la produzione e lo sviluppo di cellule cerebrali, mantenendo la fluidità della membrana cellulare. Svolgono anche un ruolo importante nell'attività dei neuroni. Pesci grassi come salmone, tonno e sardine fresche contengono grassi Omega 3 che aiutano le cellule cerebrali a intrecciarsi tra loro. Fai l'abitudine di mangiare almeno due porzioni di pesce a settimana. Il pesce contiene fosforo e iodio, entrambi importanti per il lavoro cerebrale.

2. Latticini (Latte, Formaggio, Panna)

I latticini sono particolarmente utili per il nostro cervello. La mancanza di grasso può essere la ragione di varie malattie spiacevoli, ad esempio la sclerosi multipla. Inoltre, proteine, calcio, vitamina D e magnesio presenti nei latticini svolgono un ruolo importante nello stimolare l'attività cerebrale.

3. Carne Rossa Magra

Uno studio pubblicato nel 2011 ha scoperto che le donne con livelli di ferro sani hanno funzionato meglio sui compiti mentali e sono finite più velocemente di quelle con bassi livelli di ferro. Questo metallo aiuta a trasportare ossigeno in tutto il corpo e nel cervello. La mancanza di ferro nella dieta può ridurre la capacità del sangue di trasportare ossigeno, diminuendo la quantità erogata al cervello. Non prendere abbastanza ferro può anche causare problemi come mancanza di energia, scarsa concentrazione e stanchezza. La carne a basso contenuto di grassi è un'eccellente fonte di ferro e zinco, minerali importanti per la funzione cognitiva del cervello.

4. The Blanquillos

Una buona fonte di ferro è il tuorlo d'uovo. Le uova contengono fosfolipidi e lecitina, necessari per costruire la membrana delle cellule cerebrali. In termini di crescente intelligenza, il suo valore risiede principalmente nelle sue proteine. Le uova sono infatti ricche di amminoacidi, vitali nella produzione dei principali neurotrasmettitori.

5. Verdure a foglia verde (spinaci, lattuga, broccoli)

Gli studi dimostrano che le persone che prendono più vitamina C fanno meglio nei test di attenzione e memoria. Gli esperti suggeriscono di mangiare almeno 5 porzioni di verdure e frutta al giorno, ma mangiare una varietà è la chiave. Tutti i verdi a foglia sono ricchi di vitamina B9 o folato, che si ritiene svolga un ruolo attivo nello sviluppo del tessuto nervoso del feto e anche nel rinnovamento delle cellule del sangue. Scegli spinaci, lattuga, crescione, broccoli o diversi tipi di erbe Il rosmarino ha alcuni flavonoidi, specialmente nel suo aroma, che stimolano la memoria e la concentrazione aumentando il flusso sanguigno cerebrale.

6. Legumi (lenticchie, soia, fagioli, fagioli, ceci)

I legumi sono molto importanti nella nostra dieta. Per alimentare il cervello e allo stesso tempo mantenere stabili i livelli di zucchero nel sangue, fai l'abitudine di mangiare almeno due porzioni di legumi al giorno. Si dice che il cervello sia dipendente dal glucosio. Ciò significa che il cervello usa solo glucosio per il carburante. Il nostro cervello consuma più di cinque grammi all'ora ma non sa come conservarlo. Ecco perché il cervello deve essere fornito regolarmente dal glucosio attraverso il sistema circolatorio. Gli zuccheri complessi sono cruciali. I legumi sono pieni di questi zuccheri complessi e il loro indice glicemico è uno dei più bassi. Permette davvero la regolazione del glucosio nel sangue e lo fornisce al cervello senza creare una reazione iperglicemica.

7. Bacche rosse

Il mirtillo è ricco di antiossidanti. Le cellule nervose sono ad alto rischio di danni ossidativi e necessitano di una speciale protezione antiossidante in qualsiasi momento della vita. La sua capacità di inviare impulsi attraverso il corpo dipende da un metabolismo equilibrato dell'ossigeno e questo equilibrio non può essere raggiunto senza assumere nutrienti antiossidanti. Tutte le bacche commestibili sono fonti di vitamina C, il ribes nero ha una concentrazione di vitamina C tre volte superiore rispetto al kiwi e due volte di più degli agrumi. Oltre a rafforzare i dotti sanguigni e migliorare la circolazione, consentono una migliore ossigenazione del cervello e combattono contro i radicali liberi che possono influenzare le cellule nervose, in particolare le cellule cerebrali.

8. Avocado

L'avocado è buono quasi quanto il mirtillo nella protezione della salute del cervello. L'avocado è un frutto grasso, ma è un grasso monoinsaturo che contribuisce a un sano flusso sanguigno. E un flusso sanguigno sano porta a un cervello sano. Anche gli avocado abbassano la pressione sanguigna. È ricco di vitamina E, che è un potente antiossidante e protegge i tessuti adiposi del cervello dall'invecchiamento. L'assorbimento di beta carotene e licopene aumenta quando l'avocado fresco o l'olio di avocado vengono aggiunti a qualsiasi insalata. Tuttavia, gli avocado sono ad alto contenuto calorico, quindi si consiglia di mangiare solo 1/2 o 1/4 di un avocado a un pasto quotidiano come guarnizione.

9. Caffè e tè

La presenza di molecole di caffeina conferisce al tè e al caffè il loro vero valore come tonico e stimolante. Queste bevande calde possono migliorare la funzione cognitiva e prevenire " il morbo di Alzheimer. Uno studio del 2011 ha scoperto che quando i ricercatori hanno dato caffè caffeinato ai topi geneticamente modificati per sviluppare questa malattia, la progressione era più lenta o non si è sviluppato. Il tè ha anche mostrato effetti protettivi sul cervello. Oltre all'alto contenuto di antiossidanti che aiutano a combattere i radicali liberi e aumentare l'attività cerebrale, i bevitori di tè funzionano meglio nei test di memoria e nell'elaborazione delle informazioni.

10. Noci e semi

Noci e semi sono una fonte di vitamina E. Diversi studi suggeriscono che un adeguato apporto di vitamina E può aiutare a prevenire il declino cognitivo, specialmente in giovane età. Aggiungere un'oncia, una giornata di nocciole, noci, noci del Brasile, mandorle, arachidi, semi di sesamo, semi di girasole e semi di lino, tra gli altri, è tutto ciò di cui hai bisogno per ottenere la quantità giornaliera raccomandata di zinco, essenziale per il miglioramento delle capacità di pensiero e memoria. Il consumo regolare di alimenti ricchi di niacina come le arachidi protegge dal declino cognitivo legato all'età e dal morbo di Alzheimer. La arachidi è una fonte di vitamina E che è un antiossidante che protegge le membrane nervose nel cervello, previene la formazione di coaguli di sangue

Prendendoti cura della tua dieta, aiuti il tuo corpo ad avere una migliore qualità della vita.

Mangiare consapevolmente o consapevolmente
Quando pranzi, metti da parte il telefono e le possibili distrazioni. Concentrati su quello che stai facendo.
Non controllare la tua e-mail, WhatsApp o altro profilo di social media. Fai un respiro profondo, mangia lentamente e assapora il cibo delizioso e sano che stai avendo il piacere di mangiare.
Goditi il cibo, non divorare.
Non solo la quantità e la composizione del cibo ti fanno sentire soddisfatto. Così fanno gli aspetti sensoriali come gusto, aroma, consistenza e colore. Se divori il cibo, probabilmente non hai nemmeno notato di aver mangiato. Molto presto, dovrai mangiare di nuovo.
Sii gentile e generoso con te stesso e dimentica tutto durante i pasti. Se hai intenzione di essere stressato o controllare le cose al telefono, la tua produttività continuerà a diminuire dopo pranzo. Concentrati e goditi il cibo e ci sarà tempo per risolvere ciò che viene dopo la pausa.
Se sei il tipo maniaco del lavoro, dimentica il lavoro completato ti sentirai più riposato e più fresco. La batteria di produttività verrà ricaricata. L'hai passato dalla mattina a mezzogiorno, e devi ricaricarlo per la seconda parte della giornata.
Non ignorare la fame
Vogliamo mangiare in modo sanitario ed essere produttivi. Non voglio che tu sia confuso e creda che sia produttivo; devi essere magro a tutti i costi anche se porta alla fame.

Non è quello che cerco di trasmettervi in questo libro. Quello che voglio condividere con voi è che se mangiate in modo sanitario, sarete più felici e migliori sia fisicamente che mentalmente. Riposerai meglio; avrai più energia, sarai più positivo, ti ammalerai meno. In breve, la produttività verrà moltiplicata in modo esponenziale.

**Mangia in modo sanitario ma non ignorare la fame.
La mia esperienza**

Mi è successo. Ci sono stati momenti in cui sono stato dalle 9:00 alle 18:00 senza provare un boccone. Ho visto pazienti in consultazione e non ho nemmeno avuto il tempo di ricordarmi di mangiare.

Cosa pensi sia successo quando sono arrivate le 18?00? Beh, mi sono rilassato. Improvvisamente lo stomaco inizia a ruggire, e io divoro senza controllo né sulle quantità né sulla qualità del cibo.

Ho anche un grosso mal di testa. E naturalmente, che dalle 14:00 sono un morto vivente, cioè, mi mantengo perché non ho altra scelta e ho qualcuno davanti a me; altrimenti le cose cambierebbero. La mia performance è diminuita nella seconda metà della giornata.

Inoltre, quando sono tornato a casa, ho mangiato tutto ciò che non avevo mangiato durante il giorno. Alle 19:30 circa. Mi sento gonfio, ho indigestione e la sensazione di nausea comincia ad emergere. Non ho voglia di fare nulla e meno per continuare a mangiare.

È per questo che ti dico di bere qualcosa quando il tuo stomaco te lo chiede. Non ignorarlo. Non voglio che ti costringa a mangiare, ma ad ascoltare il tuo corpo.

Quindi fai sempre uno spuntino sano a portata di mano. Alcuni giorni sono caotici e questi snack possono salvarti la vita.

Se hai mangiato bene durante il giorno, avrai molte più possibilità di mangiare bene quando otterrai casa. E mangiare proprio quando si arriva a casa significa "
"probabilmente ti sveglierai felice di fare qualcosa di produttivo più avanti nel corso della giornata.

Non prendere zuccheri

La maggior parte delle persone pensa che i grassi siano da biasimare per tutte le "malattie alimentari di oggi". Non è così. Il cattivo nel film è lo zucchero." Non demonizzare i grassi.

Qui vi lascio maggiori informazioni sui grassi che vi lasceranno senza parole.

Se includi zuccheri nella tua dieta, probabilmente dovrai combattere tutto il giorno contro la fame. Pertanto, mangerai sempre peggio. Il tuo peso e i tuoi problemi di salute aumenteranno. Alla fine, si tradurrà in una perdita di produttività.

Inoltre, voglio che tu sappia che il consumo continuo di zucchero può portare a:

- Aumento di peso.
- Resistenza all'insulina.
- Diabete.
- Obesità.
- Fegato grasso.
- Cancro al pancreas.
- Insufficienza renale cronica.
- Ipertensione arteriosa.
- Malattie cardiovascolari.
- Dipendenza.
- Malnutrizione
- L'aspetto della carie.

Possibile calo dello zucchero

Inoltre, subito dopo aver preso prodotti ricchi di zucchero, potresti sperimentare un'alta energia a causa del picco di zucchero nel sangue che si è verificato.

Il problema è che aumentando i livelli di zucchero nel sangue, il pancreas secerne l'insulina per eliminarla. Lo zucchero viene spinto dall'insulina al fegato e ai muscoli, che probabilmente sono già carichi di glicogeno. Questo farà sì che questo zucchero si trasformi e si depositi come grasso.

Ciò causerà una diminuzione della glicemia che ci darà un incidente. So che non vuoi che ti succeda. Indovina cosa ti chiederà il corpo quando succederà? Anzi, più zucchero.

E cosa stai facendo? Aggiungi più zucchero e ne mancherà di più.

Finisce per accadere quello che temevamo. Siete entrati in un circolo vizioso dal quale non potete sfuggire.

Se questo accade un giorno, non ha conseguenze significative. Probabilmente non siete stati molto produttivi perché siete stati più consapevoli della lotta contro l'accoppiamento zucchero-fame. Ma non c'è bisogno di riflettere di più sulla testa.

D'altra parte, se questo accade spesso, hai molti voti che il tuo peso è alto. Così sarà la percentuale di grasso corporeo. E sai cosa succede quando non hai una dieta sana e abbiamo un corpo imperfetto o meglio detto, fino alla maniglia. Sì, la produttività e le prestazioni sono diminuite.

Abitudine a tarda notte

Ultima assunzione di cibo due ore prima di andare a letto. Questo argomento ha causato molte controversie negli ultimi tempi.

Si è sempre pensato che di notte è quando si dovrebbe mangiare meno. Crediamo che il metabolismo rallenti, bruciamo alcune calorie e l'accumulo di grasso è maggiore. Invece, altri esperti pensano che mangiare di notte ti aiuti a perdere peso e persino a dormire meglio. Il problema è che ci sono prove per entrambe le situazioni.

Alcuni studi concludono che il tasso metabolico notturno è uguale al giorno. D'altra parte, altre recensioni collegano mangiare di notte con l'aumento di peso.

Come faccio?

Se non hai altra scelta che mangiare di notte e a tarda notte, vai avanti. Mangia sano, dolcemente e senza sovraccaricarti. Ora, se ne hai la possibilità, evitalo e mangia qualcosa prima.

Tienilo a mente:

- La melatonina, un ormone che ci aiuta a regolare il sonno, aumenta di notte per indicare che è tempo di dormire. Riduce anche la funzione di diversi organi, come quelli responsabili del controllo dei livelli di glucosio.

- La digestione farà aumentare la temperatura corporea, ritardando l'inizio del sonno. Tieni presente che la diminuzione della temperatura corporea è un altro segno che ci aiuta a riposare.

- Se hai un reflusso gastroesofageo, è una buona idea mangiare almeno 2 ore prima di andare a letto.

Per questo motivo, non dovresti lasciare la cena fino all'ultimo minuto. Sono piccoli dettagli che miglioreranno la qualità del tuo riposo.

Sai, se riposi meglio sarai molto più produttivo.

Se fai un pasto abbondante all'ultimo minuto, non starai bene; dovrai alzarti per bere acqua più volte durante la notte e probabilmente il giorno dopo ti sveglierai con l'indigestione. Inizierai la giornata con il piede sinistro, più preoccupato per il tuo stomaco di quello che ti aspetta al lavoro.

Probabilmente sceglierai di non fare colazione e entrerà nel circolo vizioso dello sbalzi d'umore, della cattiva dieta e della perdita di produttività.

Conclusioni

Spero che dopo aver letto questo libro, tutto ciò che volevo trasmettervi vi sia diventato chiaro. Se segui una dieta sana, è molto più probabile che tu sia produttivo e felice.

Non solo sarai fisicamente migliore. Ti troverai anche psicologicamente inarrestabile. Essere fisicamente e psicologicamente bene moltiplicherà esponenzialmente la tua produttività.

Non voglio dire che se non mangi bene, non sarai felice o produttivo. Voglio dire che **se ti prendi cura di ciò che mangi, hai molte più probabilità di essere felice e più produttivo.**

Spero che questo libro ti fornisca una guida sufficiente su come mangiare in modo sanitario ed essere più produttivo.

Poiché la produttività è come lo sport, puoi allenarti, migliorare e ottimizzare in molti modi. Ecco un elenco di ricette che ti rendono felice mentre ti prepari e parti per servirle.

RICETTE DI DIETA FELICE

Patatine Pita al pasto alle mandorle
Serve: 2-4
Tempo di cottura: 15 minuti
Ingrediente:

- 1 1/2 tazze di farina di mandorle, più extra per spolverare sul mattarello per evitare l'incollaggio
- 1/2 cucchiaino di aglio in polvere
- 1/2 cucchiaino di sale
- 1 uovo

Istruzione
1. Preriscaldare il forno a 350°
2. Sbattere insieme farina di mandorle, aglio in polvere e sale.
3. Aggiungere l'uovo e mescolare bene in una pastella spessa.
4. Arrotolare o premere la pastella uniformemente su carta pergamena fino a circa 1/4 di spessore.
5. Cuocere per 15 minuti fino a quando non è croccante e marrone dorato.
6. Smontarsi in patatine.

Funghi ripieni di salsiccia

Serve: 8 – 10

Tempo di cottura: 50 minuti

Ingrediente:

- 2 cucchiai di olio d'oliva
- 1 cipolla piccola, tritata finemente
- 1 spicchio d'aglio, tritato
- 1 libbra di bottone grande o piccoli gambi di funghi Bella cored e finemente
- tritato per la miscela di ripieno
- 1 chilo del tuo involucro di salsiccia preferito scartato
- 1 cucchiaio di aceto di vino rosso
- 2/3 tazza farina di mandorle, più di più per cospargere
- 1/4 tazza di formaggio Boursin (il formaggio di capra originale, non la diffusione)

Istruzione:

1. Preriscaldare il forno a 325°
2. In una padella grande con olio d'oliva riscaldato a fuoco medio-alto.
3. Cuocere la cipolla fino a quando è morbida, circa 3-4 minuti.
4. Aggiungere l'aglio, cuocere altri 1 minuto.
5. Aggiungere steli di funghi tritati.
6. Cuocere 4-5 minuti fino a quando non è molto morbido.
7. Aggiungere la salsiccia, rosolare accuratamente e usare una spatola per tritare a pezzetti.
8. Scolare e scartare il grasso in eccesso, se necessario.

9. Cospargere l'aceto di vino rosso sulla salsiccia.
10. Mescolare in farina di mandorle in modo uniforme.
11. Togliere dal fuoco e piegare nel formaggio Boursin fino a quando non è uniformemente miscelato e cremoso.
12. Posizionare i tappi dei funghi lato cavo in una teglia 8 x 8.
13. Miscela di salsiccia al cucchiaio in tappi di funghi. Cospargere ulteriore farina di mandorle in cima.
14. Cuocere a 325 ° F per 45 minuti, o fino a quando i funghi sono cotti, e il condimento è marrone dorato. Raffreddare per 10 minuti, quindi servire.

Kalamata Olive Tapenade

Server: 2 - 3 tazze
Tempo di cottura: 45 secondi

Ingrediente:

- 1/3 tazza pinoli crudi
- 2 tazze di olive kalamata denocciolato
- 2 cucchiai di capperi, risciacquati
- 2 cucchiaini di senape di Digione
- 1/2 cucchiaino di aglio tritato
- 2 cucchiai di olio d'oliva
- 1 cucchiaino di succo di limone fresco
- 2 filetti di acciughe, risciacquati e secchi (opzionale)

Istruzione:

1. In un robot da cucina, frullare i pinoli fino a quando non si trasformano in burro di noci, circa 30-45 secondi.
2. Aggiungere gli ingredienti rimanenti e pulsare fino a tritare finemente, con una consistenza di pasta grossa, circa 10 impulsi, raschiando il lato del robot da cucina per assicurarsi che tutti gli ingredienti si mescolano bene.
3. Mettere in un contenitore ermetico e conservare in frigorifero durante la notte per lasciare che i sapori prendano tempo per stabilirsi. Portare a temperatura ambiente prima di servire.

Pesche avvolte nel prosciutto
Uscita: 16 - 18 pezzi
Ingrediente:
- 3 pesche, sbucciate, snocciolate e tagliate a cunei da 1 pollice
- 5 fette di prosciutto, affettate longitudinalmente e in terzi.

Istruzione
1. Scaldare una padella a fuoco medio-alto.
2. Metti le pesche avvolte nel prosciutto in una formazione di orologio nella tua padella, a partire dalla posizione di mezzogiorno.
3. In questo modo, ti ricordi da dove hai iniziato quando 'è il momento di capovolgere ogni pezzo.
4. Cuocere fino a quando il prosciutto non è indurimento ma non è troppo croccante.
5. Capovolgere e ripetere su ciascun lato del cuneo di pesca.
6. La pesca sarà calda leggermente all'esterno.
7. Servire immediatamente. Guarda i tuoi ospiti "ooh" e "ahh" mentre le pesche si sciolgono in bocca.

Avvolgere il prosciutto intorno a fette di pesca, utilizzando uno stuzzicadenti per mantenere in posizione se necessario.

Patatine al formaggio
Serve: 1
Tempo di cottura: 3 minuti
Ingrediente:
- 1/4 tazza di formaggio triturato (cheddar, mozzarella o Colby Jack)

Istruzione:
1. Scaldare una piccola padella a fuoco medio-alto
2. stendere il formaggio triturato in un cerchio 4-6 e friggere in una padella, facendo attenzione a non bruciare, fino a quando il formaggio non è dorato e frizzante.
3. Togliere dalla padella e lasciare raffreddare su un tovagliolo di carta. Oppure mangia subito, ma per favore non bruciarti la bocca.
4. In alternativa, posizionare 1/4 di tazza di formaggio triturato su un piatto.
5. Stendere sottilmente in un cerchio di 4-6.
6. Microonde 75-90 secondi fino a quando il formaggio esce in un disco cotto e piatto.
7. Sbucciare il formaggio croccante dal piatto e lasciare raffreddare fino a quando croccante

Tzatziki Dip

Servire: 2 – 3
Tempo di cottura: 10 minuti
Ingrediente:

- 5 cetrioli persiani o
- 1 grande cetriolo inglese, sbucciato e tritato grossolanamente
- 1 cucchiaio di aneto fresco 1 spicchio d'aglio
- tritato 2 cucchiai di succo di limone (circa 1/2 al limone)
- 2 cucchiaini di sale 2 tazze yogurt greco
- Sale e pepe per la finitura

Istruzione:

- Posare i pezzi di cetriolo su una superficie piana.
- Cospargere di sale e lasciare riposare per 10 minuti per estraggono l'acqua in eccesso.
- Tamponare asciugare con un tovagliolo di carta. Unire aneto, aglio, cetriolo, succo di limone e sale in un robot da cucina o Vitamix.
- Pulsare fino a quando non viene miscelato ma grosso.
- Versare in una ciotola. Frusta in yogurt greco, combinando bene.
- Servire insieme a carne alla griglia e verdure, o come un tuffo con patatine pita al pasto alle mandorle.

Crosta di pizza al cavolfiore
Servire: (Rese 1 - 10 crosta sottile)
Tempo di cottura: 20 minuti
Ingrediente:

- 2 sacchetti da 12 oncia di cimette di cavolfiore, steli rimossi
- 1/4 tazza parmigiano grattugiato 1/4 tazza mozzarella triturata
- 1/2 cucchiaino di aglio in polvere 1/2 cucchiaino di origano essiccato
- 1/2 cucchiaino di basilico secco
- 1/2 cucchiaino di sale
- 1 uovo

Per il condimento: Salsa pizza fatta in casa o acquistata in negozio senza zucchero La tua scelta di carne, formaggio, ecc.

1. Cavolfiore a impulsi in un robot da cucina fino a quando non assomiglia alla consistenza del couscous. Avrà un aspetto innevato.
2. In una ciotola a microonde, cuocere in alto per 3-4 minuti. Lasciami raffreddare. Usando la tela da formaggio, spremere tutta l'acqua in eccesso dal cavolfiore, quindi fare un'ultima spremuta avvolgendo un asciugamano intorno alla tela da formaggio per assicurarsi che tutta l'acqua in eccesso sia stata rimossa.
3. Preriscaldare il forno a 425°.
4. In una grande ciotola mescolare cavolfiore, parmigiano, mozzarella, aglio in polvere, origano,

basilico, sale e uovo in modo molto uniforme e formare una palla di pasta.

5. Coprire una teglia con carta pergamena. Spruzzarlo con un leggero rivestimento di olio d'oliva o olio di cocco. Posizionare la palla di pasta al centro e premere in un cerchio, di circa 10-11 pollici di diametro e 1/2 di spessore.

6. Cuocere in forno per 11-14 minuti fino a quando le macchie marrone dorato iniziano a coprire la superficie della crosta. Togliere dal forno, aggiungere la salsa e i condimenti e riposizionare nel forno per 5-7 minuti o fino a quando la topping del formaggio non viene sciolta e frizzante.

Zuppe:

Diversi piatti di zuppe possono anche lasciare una sensazione sana dopo aver mangiato
Serve: Zuppa di salvia di pollo (4-6)
Tempo di cottura: 20 minuti

Ingrediente:

- 1 cucchiaio di olio d'oliva
- 1 cipolla gialla, tritata
- 3 gambi sedano, tritati
- 2 carote, sbucciate e tritate
- 1/2 cucchiaino di origano essiccato
- 1/2 cucchiaino di basilico secco
- 1/2 cucchiaino di timo essiccato
- 1/2 cucchiaino di cipolla in polvere
- 1/2 cucchiaino di aglio in polvere
- 12 foglie di salvia, tritate
- 4 tazze brodo di pollo (o una scatola se si utilizza negozio acquistato)
- 1 pollo rosticceria, carne leggera e scura tirata o tagliata in pezzi da 1/2 pollice
- Parmigiano grattugiato al fresco per guarnire

Istruzione:

1. In una grande pentola da forno olandese o Le Creuset, scaldare l'olio d'oliva a fuoco medio-alto fino a brillare. Soffriggere cipolle, sedano e carote fino a quando non sono molto morbide, circa 8-10 minuti.

2. Aggiungere origano, basilico, timo, cipolla in polvere e aglio in polvere, mescolare bene con le verdure.
3. Aggiungere le foglie di salvia, cuocere per altri 3-5 minuti. Versare il brodo di pollo. Lasciate bollire, quindi riducete a fuoco lento.
4. Aggiungere il pollo e cuocere per 15-20 minuti. Servire immediatamente e guarnire con parmigiano fresco.

Brodo di pollo fatto in casa
Serve: 8-10 coppe
Tempo di cottura: 4 ore
Ingrediente

- 1 carcassa di pollo arrosto
- 8 carote per bambini
- 2 gambi di sedano, tritati due volte
- 1 cipolla media squartata (puoi lasciare la pelle su se vuoi sperimentare!)
- 1 foglia di alloro 1 bouquet di garni di erbe a portata di mano; Uso origano, timo e salvia
- 2 cucchiaini di sale 1 cucchiaino di pepe fresco
- 1 cucchiaio di aceto di sidro di mele
- Abbastanza acqua per coprire l'intero pollo in un grande magazzino

Istruzione:

1. Mettere tutti gli ingredienti in una pentola.
2. Portare a ebollizione, quindi abbassare e far sobbollire 3-4 ore.
3. Scolare attraverso un colino e lasciare raffreddare per 1/2 ora.
4. Versare il materiale attraverso un colino per rimuovere i detriti rimanenti.
5. Versare nel congelatore e congelare.

Zuppa di cavolo albondigas

Serve: 6-8

Tempo di cottura: 20 minuti

Polpette

Ingrediente

- 1 libbra 80/20 carne macinata (uso controfiletto macinato)
- 1/3 tazza farina di mandorle
- 1 uovo, sbattuto
- 1 cucchiaio di menta fresca, tritato
- 1 cucchiaino di sale Pizzico di cumino Zuppa
- 1 cucchiaio di olio d'oliva o olio di semi d'uva
- 1/2 cipolla, tritata finemente
- 2 spicchi d'aglio tritati
- 2 scatole di brodo di pollo (o 8 tazze di brodo fatto in casa se ce l'hai a portata di mano)
- 2 cubetti di brodo di pollo senza glutine 1 lattina di pomodori, tritati (succhi di riserva)
- 2 tazze di cavolo tritato liberamente
- 4-6 carote bambino, affettate
- Sale e pepe per il condimento

Istruzioni:

1. Metti tutti gli ingredienti della polpetta in una grande ciotola e combinali uniformemente con le mani. Formare in polpette, da 1 pollice a 1 1/2 pollici di diametro.
2. In un forno olandese, soffriggere le cipolle nell'olio fino a quando non sono morbide.

3. Aggiungere l'aglio e continuare a soffriggere altri 3-5 minuti.

4. Aggiungere il brodo di pollo e i cubetti di brodo e portare a ebollizione, assicurandosi che i cubetti di brodo si dissolvano accuratamente.

5. Mettere le polpette nel magazzino e portare di nuovo a ebollizione.

6. Screma la schiuma dalla parte superiore della zuppa di tanto in tanto.

7. Ridurre il calore a medio-basso, aggiungere i pomodori e i succhi riservati. Coprire e cuocere a fuoco lento per 20 minuti.

8. Aggiungere il cavolo e le carote, coprire e cuocere a fuoco lento per altri 20-30 minuti, condito con sale e pepe se necessario.

Manzo semplice e Portobello

Stufato: serve 4-6

Tempo di cottura: 3 ore

Ingrediente:

- 1 libbra di carne di stufato di manzo nutrita con erba, tagliata a pezzi
- 1/2 cucchiaino di cipolla in polvere per condire la carne bovina
- 1 cipolla gialla, tritata liberamente
- 3 gambi di sedano, tritati liberamente
- 1/2 tazza carote tritate liberamente
- 8 once di tappi di funghi portobello, tritati liberamente (circa 3-4 tappi di portobello)
- 1 14 oncia di pomodori a dadini
- 3 once di pasta di pomodoro (1/2 la lassma)
- 1/2 tazza brodo di pollo
- 1 cucchiaio di aceto di vino rosso
- 1/2 cucchiaino di origano essiccato
- 1/2 cucchiaino di timo essiccato
- 1 cucchiaino di sale, più altro per il condimento
- 1/2 cucchiaino di pepe macinato, più altro per il condimento

Istruzioni:

1. Condire la carne bovina con polvere di cipolla. Rosolare a fuoco alto in una padella, scaldando ogni lato dei pezzi di manzo, circa 3-4 minuti in totale.
2. Versare il manzo in fornello lento; aggiungere tutti gli ingredienti rimanenti.

3. Cuocere a bassa 8-10 ore o alta 4-5 ore fino a quando lo stufato è pronto, condire con sale e pepe aggiuntivi a piacere.

Crema di funghi, asparagi e zuppa di cipolle
Serve: 2 – 3
Ingrediente:
- 1 libbra di asparagi 1 cipolla media, tritata
- 1 libbra cremini, baby Bella o funghi a bottone
- 1 1/2 tazze pollo o brodo vegetale
- 1 cucchiaino di sale
- 1/2 cucchiaino di pepe appena macinato
- 1/2 tazza panna pesante

Istruzione
1. Tagliare e scartare le estremità ruvide degli asparagi, di solito il fondo 2-3 pollici del gambo.
2. Tagliare gli asparagi rimanenti in pezzi da 2 pollici.
3. In un cesto di piroscafi, cuocere a vapore gli asparagi, la cipolla e i funghi per 5-7 minuti, fino a teneri.
4. Contemporaneamente, scaldare il brodo di pollo fino all'ebollizione.
5. Togliere dal fuoco.
6. In una purea di frullatore le verdure, brodo di pollo, sale e pepe per 3-4 minuti, fino a quando liscio.
7. Aggiungere la panna e il polso per frullare fino a quando liscio. Servire immediatamente

NUTRIZIONE

DIETA CHETO

Cos'è la chetosi

La chetosi è un disturbo in cui il corpo crea molecole chiamate chetoni prodotte dal fegato. È progettato per dare energia a cellule e organi e può sostituire il glucosio come fonte alternativa di carburante.

La dieta chetogenica, è anche indicata come dieta cheto, non è una dieta di moda focalizzata su discutibili scienze nutrizionali. È in circolazione fin dai tempi antichi, usando la dieta come parte di un trattamento olistico di epilessia per gli antichi greci. Inoltre, qui negli Stati Uniti, negli anni '20, era una forma nota di terapia per le convulsioni epilettiche infantili. Sfortunatamente, con la sua propensione agli effetti immediati, questo metodo naturale di trattamento ha dovuto cedere il passo ai moderni progressi della scienza farmaceutica.

Fortunatamente, la dieta chetogenica ha trovato la via del ritorno nel mainstream ancora una volta e probabilmente per ottime ragioni! Vedete, la base della dieta è essenzialmente innescare i meccanismi di combustione dei grassi del proprio corpo al fine di alimentare ciò di cui il corpo ha bisogno per l'energia durante il giorno. Il che significa che il grasso che consumi, così come il grasso immagazzinato nel tuo corpo, sono diventati tutti riserve di carburante da cui il tuo corpo può dipendere! Non c'è da stupirsi che questa dieta ti aiuti davvero a perdere peso, anche per quelle aree grasse ostinate e difficili da perdere.

Questo potrebbe essere uno dei motivi per cui hai scelto questo libro e hai cercato di intraprendere il percorso chetogenico per sentire la pace interiore ed essere felice, o potresti aver imparato cose dal tuo circolo sociale su come la dieta cheto normalizza davvero i livelli di zucchero nel sangue e ottimizza le tue letture del colesterolo, e sei affascinato.

Che ne dici di storie di diabete di tipo 2 invertite solo seguendo questa dieta, così come storie di alcuni tumori che vengono fermati o i tumori che si restringono a causa degli effetti positivi della dieta cheto? Non dobbiamo inoltre dimenticare la conseguente riduzione del rischio di malattie cardiovascolari a seguito della dieta!

Beneficio dello stile di vita chetogenico

La dieta cheto è un eccellente booster motivazionale o promemoria durante i casi in cui ti senti giù per il tuo sistema corporeo. Durante il viaggio cheto, quando il viaggio diventa duro e gettare l'asciugamano diventa un'opzione un po' appetibile.

Non arrenderti! Questi sono i vantaggi che ti aspettano alla fine del tunnel!

Soppressione naturale della fame

Come quello che è stato elaborato in precedenza, questa caratteristica della dieta cheto è davvero utile quando il tuo obiettivo è quello di ottenere una certa perdita di peso. Ora puoi farlo senza soffrire di folli morsi della fame.

Perdita di peso e manutenzione sostenibili

La perdita di peso ci fa sentire questa pace interiore. Un'altra cosa che lo fa andare per la dieta chetogenica è il fatto che praticamente non devi fare attenzione a rimbalzi improvvisi del peso o a folli guadagni di peso se tieni la traccia con la dieta. La meccanica della chetosi non consente che ciò accada e, naturalmente, stiamo parlando di pasti regolari qui, non di sette o ottomila piani alimentari calorici che sconvolgerebbero sicuramente il processo di perdita di peso. Puoi ancora mettere peso se mangi troppo!

Pensieri più chiari nella mente

A causa dei benefici neuroprotettivi che i chetoni conferiscono effettivamente al cervello, uno dei vantaggi aggiuntivi di andare cheto sarebbe sperimentare una mente più nitida e chiara. I processi di pensiero vengono toccati con maggiore chiarezza, senza la nebbia cerebrale che è comune per le persone su diete elaborate ricche di carboidrati. I chetoni bruciano in modo più efficiente poiché anche il carburante contribuisce a questa maggiore chiarezza mentale.

Sperimenta stati d'animo migliori e più stabili

Quando il corpo entra nella chetosi, i chetoni generati per l'energia aiutano anche con l'equilibrio tra due neurotrasmettitori che governano il cervello: GABA, noto anche come acido gamma-amminobutirrico, così come il glutammato. GABA serve a calmare il cervello, mentre il glutammato agisce come stimolante per il sistema cerebrale. Il trucco per un cervello sano e felice è quello di mantenere queste due sostanze un equilibrio errato, e i chetoni certamente aiutano a raggiungere questo obiettivo.

Migliorare i livelli di energia e risolvere l'affaticamento cronico

Invece di avere picchi sulle montagne russe nei tuoi livelli di energia, il corpo alimentato con chetoni ti permetterà di sperimentare livelli di energia aumentati che rimangono più o meno costanti finché hai i tuoi pasti quando la fame colpisce. La stanchezza cronica diventa anche un problema a causa degli elevati livelli di energia. Anche se l'affaticamento cronico è un sintomo di altre malattie, molti svengono che anche se non se ne va del tutto, la stanchezza migliora nella dieta cheto. Ottieni il tuo

livelli di infiammazione verso il basso

Quando ti assicuri di avere un equilibrio adeguato di grassi omega-3, questi grassi polinsaturi sani aiutano a ridurre la risposta infiammatoria nel sistema corporeo. Questo è una buona notizia per coloro che soffrono di malattie infiammatorie croniche. Inoltre, la restrizione dei carboidrati probabilmente vedrebbe scendere l'assunzione di zucchero, il che aiuterà sicuramente a ridurre anche l'infiammazione.

Migliora le letture del pannello lipidico

Andare cheto di solito dovrebbe vedere il colesterolo HDL salire mentre i livelli di colesterolo LDL vanno dall'altra parte. Ci potrebbero essere diversi casi in cui è possibile vedere cambiamenti nei livelli di HDL e LDL, portando a un aumento complessivo dei livelli di colesterolo. Alcuni hanno espresso preoccupazione su questo argomento, e vorrei approfondire un po' di più la questione. Per coloro che attraversano una dieta chetogenica, l'LDL e i livelli totali di colesterolo possono essere elevati, ma questo non dovrebbe spaventarti completamente! Pensaci in questo modo: se il tuo corpo è stato metabolicamente compromesso nel corso degli anni di mangiare carboidrati raffinati e zuccherini, l'aumento del colesterolo è in realtà un segno che il corpo sta attraversando un periodo di guarigione per normalizzare la funzione metabolica. I livelli di LDL e colesterolo totale sembrano iniziare a inclinarsi verso il basso quando il danno è completamente riparato. Il corpo di tutti è speciale, così come il tempo necessario per la riparazione. Molti possono vedere risultati in mesi, mentre altri possono richiedere un anno o due per raggiungere i tassi ottimali.

Meno stress ossidativo

La dieta chetogenica è responsabile dell'aumento degli antiossidanti presenti nel corpo, riducendo anche direttamente l'ossidazione che si incontra nei mitocondri del corpo. Con una maggiore attività antiossidante durante la dieta cheto, i radicali liberi tendono ad avere un momento più difficile nell'infliggere danni ossidativi al nostro corpo. Meno ossidazione di solito significa che le nostre cellule e organi funzionano meglio e godono di una durata di conservazione più lunga. Ciò significa anche che potrebbe esserci la possibilità di prolungare la nostra longevità, poiché l'ossidazione, essendo uno dei motivi principali dietro l'invecchiamento, vede la sua attività contenuta in una certa misura durante la dieta chetogenica. Questi sono solo alcuni dei vantaggi che ti divertirai quando vai cheto. Mi sarebbe piaciuto fornire maggiori informazioni, soprattutto laddove la dieta chetogenica ha avuto effetti positivi su malattie come il cancro, la sindrome dell'ovaio policistico, la malattia epatica grassa analcolica e i disturbi neurodegenerativi come il morbo di Parkinson e il morbo di Alzheimer. Ecco le ricette cheto consigliate per colazione, pranzo e cena.

COLAZIONE

Uova in padella con verdure e parmigiano
Porzioni: 6
Tempo di preparazione: 5 minuti
Tempo di cottura: 15 minuti
Ingredienti:

- 12 uova grandi, sbattute
- Sale e pepe
- 1 piccolo peperone rosso, a dadini
- 1 cipolla gialla piccola, tritata
- 1 tazza di funghi a dadini
- 1 tazza di zucchine a dadini
- 1 tazza di parmigiano appena grattugiato

Istruzioni:

1. Preriscaldare il forno a 200 gradie ungere una teglia cerchiata con spray da cucina.
2. Sbattere le uova in una ciotola con sale e pepe fino a quando non sono schiumosi.
3. Mescolare i peperoni, le cipolle, i funghi e le zucchine fino a quando ben combinati.
4. Versare il composto nella teglia e stendere in uno strato uniforme.
5. Cospargere di parmigiano e cuocere per 12-15 minuti fino a quando l'uovo non è impostato.
6. Lasciare raffreddare leggermente, quindi tagliare a quadrati per servire.

Info nutrizionali: 215 calorie, 14g di grassi, 18,5 g di proteine, carboidrati 5g, fibre 1g, carboidrati netti 4g

Frullato di avocado di cavolo

Porzioni: 1

Tempo di preparazione: 5 minuti

Tempo di cottura: Nessuno

Ingredienti:

- 1 tazza di cavolo fresco tritato
- 1/2 tazza avocado tritato
- 3/4 tazza latte di mandorla non zuccherato
- 1/4 tazza yogurt pieno di grassi, semplice
- Da 3 a 4 cubetti di ghiaccio
- 1 cucchiaio di succo di limone fresco
- Estratto di stevia liquida, a piacere

Istruzioni:

1. Unire il cavolo, l'avocado e il latte di mandorla in un frullatore.
2. Pulsare gli ingredienti più volte.
3. Aggiungere gli ingredienti rimanenti e frullare fino a quando liscio.
4. Versare in un grande bicchiere e godere immediatamente.

Info nutrizionali: 250 calorie, 19g di grassi, 6g di proteine, 17,5 g di carboidrati, 6,5 g di fibre, 11 g di carboidrati netti

Frullato proteico al burro di mandorle

Porzioni: 1

Tempo di preparazione: 5 minuti

Tempo di cottura: Nessuno

Ingredienti:

- 1 tazza di latte di mandorla non zuccherato
- 1/2 tazza di yogurt pieno di grassi, semplice
- 1/4 tazza vaniglia uovo bianco proteine in polvere
- 1 cucchiaio di burro di mandorle
- Pizzicare la cannella macinata
- Estratto di stevia liquida, a piacere

Istruzioni:

1. Unire il latte di mandorla e lo yogurt in un frullatore.
2. Pulsare gli ingredienti più volte.
3. Aggiungere gli ingredienti rimanenti e frullare fino a quando liscio.
4. Versare in un grande bicchiere e godere immediatamente.

Info nutrizionali: 315 calorie, 16,5 g di grassi, 31,5 g di proteine, 12 g di carboidrati, 2,5 g di fibre, 9,5 g di carboidrati netti

Frullato di barbabietole e mirtilli

Porzioni: 1
Tempo di preparazione: 5 minuti
Tempo di cottura: Nessuno

Ingredienti:

- 1 tazza di latte di cocco non zuccherato
- 1/4 tazza panna pesante
- 1/4 tazza mirtilli congelati
- 1 barbabietola piccola, sbucciata e tritata
- 1 cucchiaino di semi
- Estratto di stevia liquida, a piacere

Istruzioni:

1. Unire i mirtilli, le barbabietole e il latte di cocco in un frullatore.
2. Pulsare gli ingredienti più volte.
3. Aggiungere gli ingredienti rimanenti e frullare fino a quando liscio. 4. Versare in un grande bicchiere e godere immediatamente.

Info nutrizionali: 215 calorie, 17g di grassi, 2,5 g di proteine, 15 g di carboidrati, fibre 5g, 10 g di carboidrati netti

Muffin al burro di mandorle

Porzioni: 12
Tempo di preparazione: 10 minuti
Tempo di cottura: 25 minuti
Ingredienti:

- 2 tazze farina di mandorle
- 2 cucchiaini di lievito in polvere
- 1/4 di cucchiaino di sale
- 3/4 tazza burro di mandorle, riscaldato
- 3/4 tazza latte di mandorla non zuccherato
- 4 uova grandi

Istruzioni:

1. Preriscaldare il forno a 200 gradie allineare una padella di muffin con perline di carta.
2. Sbattere la farina di mandorle insieme al dolcificante, al lievito e al sale in una ciotola.
3. In una ciotola separata, sbattere insieme il latte di mandorla, il burro di mandorle e le uova.
4. Mescolare gli ingredienti umidi nell'asciutto fino a quando non sono appena combinati.
5. Versare la pastella nella padella preparata e cuocere per 22-25 minuti fino a quando un coltello inserito al centro esce pulito.
6. Raffreddare i muffin nella padella per 5 minuti, quindi girare su un rack di raffreddamento a filo.

Info nutrizionali: 135 calorie, 11g di grassi, 6g di proteine, 4g carboidrati, 2g di fibre, 2g netti.

Frittata occidentale classica
Porzioni: 1
Tempo di preparazione: 5 minuti
Tempo di cottura: 10 minuti
Ingredienti:
- 2 cucchiaini di olio di cocco
- 3 uova grandi, sbattute
- 1 cucchiaio di panna pesante
- Sale e pepe
- 1/4 tazza pepe verde a dadini
- 1/4 tazza cipolla gialla a dadini
- 1/4 tazza prosciutto a dadini

Istruzioni:
1. Sbattere insieme le uova, la panna pesante, il sale e il pepe in una piccola ciotola.
2. Scaldare 1 cucchiaino di olio di cocco in una piccola padella a fuoco medio.
3. Aggiungere i peperoni, le cipolle e il prosciutto, quindi soffriggere per 3-4 minuti.
4. Versare il composto in una ciotola e surriscaldare la padella con il resto dell'olio.
5. Versare le uova sbattute e cuocere fino a quando il fondo dell'uovo inizia a impostare.
6. Inclinare la padella per stendere l'uovo e cuocere fino a quando non è quasi impostato.
7. Versare la miscela di verdure e prosciutto su metà della frittata e piegarla.
8. Lasciare cuocere la frittata fino a quando le uova non sono impostate, quindi servire calde.

Info nutrizionali: 415 calorie, 32,5 g di grassi, 25g di proteine, 6,5 g di carboidrati, fibre da 1,5 g, carboidrati netti 5g

Frittelle proteiche alla cannella

Porzioni: 4
Tempo di preparazione: 5 minuti
Tempo di cottura: 15 minuti

Ingredienti:

- 1 tazza di latte di cocco in scatola
- 1/4 tazza di olio di cocco
- 8 uova grandi
- 2 misurini (40g) di proteine dell'albume in polvere
- 1 cucchiaino di estratto di vaniglia
- 1/2 cucchiaino di cannella macinata
- Noce moscata macinata
- Estratto di stevia liquida, a piacere

Istruzioni:

1. Combina il latte di cocco, l'olio di cocco e le uova in un robot da cucina.
2. Pulsare la miscela più volte, quindi aggiungere gli ingredienti rimanenti.
3. Frullare fino a quando liscio e ben combinato - regolare la dolcezza al gusto.
4. Scaldare una padella antiaerea a fuoco medio.
5. Cucchiaio nella pastella, usando circa 1/4 tazza per pancake.
6. Cuocere fino a quando le bolle si formano sulla superficie della pastella, quindi capovolgere con cura.
7. Lasciare cuocere il pancake fino a quando la parte inferiore non è rassodata.

8. Trasferire su un piatto per riscaldarsi e ripetere con la pastella rimanente.

Info nutrizionali: 440 calorie, 38g di grassi, 22g di proteine, 5,5 g di carboidrati, 1,5 g di fibre, 4g di carboidrati netti

Uova in padella con prosciutto

Porzioni per: 6
Tempo di preparazione: 5 minuti
Tempo di cottura: 15 minuti

Ingredienti:

- 12 uova grandi, sbattute
- Sale e pepe
- 2 tazze di prosciutto a dadini
- 1 tazza di formaggio jack al pepe triturato

Istruzioni:

1. Preriscaldare il forno a 200 gradie ungere una teglia cerchiata con spray da cucina.
2. Sbattere le uova in una ciotola con sale e pepe fino a quando non sono schiumosi.
3. Mescolare il prosciutto e il formaggio fino a ben combinati.
4. Versare il composto nella teglia e stendere in uno strato uniforme.
5. Cuocere per 12-15 minuti fino a quando l'uovo non è impostato.
6. Lasciare raffreddare leggermente quindi tagliare a quadrati per servire.

Info nutrizionali: 235 calorie, 15g di grassi, 21g di proteine, 2,5 g di carboidrati, 0,5 g di fibre, 2g di carboidrati netti

Frullato verde disintossicante

Porzioni: 1
Tempo di preparazione: 5 minuti
Tempo di cottura: Nessuno
Ingredienti:

- 1 tazza di cavolo fresco tritato
- 1/2 tazza di spinaci freschi
- 1/4 tazza sedano a fette
- 1 tazza d'acqua • da 3 a 4 cubetti di ghiaccio
- 2 cucchiai di succo di limone fresco
- 1 cucchiaio di succo di lime fresco
- 1 cucchiaio di olio di cocco
- Estratto di stevia liquida, a piacere

Istruzioni:

1. Unire il cavolo, gli spinaci e il sedano in un frullatore.
2. Pulsare gli ingredienti più volte.
3. Aggiungere gli ingredienti rimanenti e frullare fino a quando liscio.
4. Versare in un grande bicchiere e godere immediatamente.

Info nutrizionali: 160 calorie, 14g di grassi, 2,5 g di proteine, 8 g di carboidrati, 2 g di fibre, 6g di carboidrati netti

Frullato di zucca nocciola
Porzioni: 1
Tempo di preparazione: 5 minuti
Tempo di cottura: Nessuno
Ingredienti:
- 1 tazza di latte di anacardi non zuccherato
- 1/2 tazza purea di zucca
- 1/4 tazza panna pesante
- 1 cucchiaio di mandorle crude
- 1/4 di cucchiaino di torta di zucca spezia
- Estratto di stevia liquida, a piacere

Istruzioni:
1. Unire tutti gli ingredienti in un frullatore.
2. Pulsare gli ingredienti più volte, quindi frullare fino a quando liscio. 3. Versare in un grande bicchiere e godere immediatamente.

Info nutrizionali: 205 calorie, 16,5 g di grassi, 3g di proteine, 13 g di carboidrati, 4,5 g di fibre, 8,5 g di carboidrati netti

Muffin all'uovo di mozzarella di pomodoro

Porzioni: 12

Tempo di preparazione: 5 minuti

Tempo di cottura: 25 minuti

Ingredienti:

- 1 cucchiaio di burro
- 1 pomodoro medio, finemente a dadini
- 1/2 tazza cipolla gialla a dadini
- 12 uova grandi, sbattute
- 1/2 tazza di latte di cocco in scatola
- 1/4 tazza cipolla verde affettata
- Sale e pepe
- 1 tazza di mozzarella triturata

Istruzioni:

1. Preriscaldare il forno a 200 gradie ungere una padella di muffin con spray da cucina.
2. Sciogliere il burro in una padella media a fuoco medio.
3. Aggiungere il pomodoro e le cipolle, quindi cuocere per 3-4 minuti fino ad ammorbidire.
4. Dividere la miscela tra le tazze di muffin.
5. Sbattere insieme le uova, il latte di cocco, le cipolle verdi, il sale e il pepe, quindi versare nelle tazze di muffin.
6. Cospargere di formaggio, quindi cuocere per 20-25 minuti fino a quando l'uovo non è impostato.

Informazioni nutrizionali: 135 calorie, 10,5 g di grassi, 9g di proteine, 2 g di carboidrati, 0,5 g di fibre, 1,5 g di carboidrati netti

Cialde croccanti

Porzioni: 4

Tempo di preparazione: 10 minuti

Tempo di cottura: 20 minuti

Ingredienti:

- 4 uova grandi, separate in bianchi e tuorli
- 3 cucchiai di farina di cocco
- 3 cucchiai di e dolcificante in polvere
- 1 1/4 di cucchiaino di lievito in polvere
- 1 cucchiaino di estratto di vaniglia
- 1/2 cucchiaino di cannella macinata
- 1/4 di cucchiaino di zenzero macinato
- Pizzicare chiodi di garofano macinati
- Cardamomo macinato
- 3 cucchiai di olio di cocco, fuso
- 3 cucchiai di latte di mandorla non zuccherato

Istruzioni:

1. Separare le uova in due diverse ciotole di miscelazione.

2. Montare gli albumi fino a formare picchi rigidi, quindi mettere da parte.

3. Sbattere i tuorli d'uovo con la farina di cocco, dolcificante, il lievito in polvere, la vaniglia, la cannella, il cardamomo e i chiodi di garofano nell'altra ciotola.

4. Aggiungere l'olio di cocco fuso alla seconda ciotola mentre si frusta, quindi sbattere nel latte di mandorla.

5. Piegare delicatamente gli albumi fino a quando non sono appena combinati.
6. Preriscaldare il ferro da cialda e il grasso con spray da cucina.
7. Versare circa 1/2 tazza di pastella nel ferro.
8. Cuocere il waffle secondo le istruzioni del produttore.
9. Rimuovere il waffle su un piatto e ripetere con la pastella rimanente.

Info nutrizionali: 215 calorie, 17g di grassi, 8g di proteine, 8g di carboidrati, fibre 4g, 4g carboidrati netti

Broccoli uova Scramble
Porzioni: 1
Tempo di preparazione: 5 minuti
Tempo di cottura: 10 minuti
Ingredienti:

- 2 uova grandi, sbattute
- 1 cucchiaio di panna pesante
- Sale e pepe
- 1 cucchiaino di olio di cocco
- 1 tazza di cavolo fresco tritato
- 1/4 tazza di cimette di broccoli congelate, scongelate
- 2 cucchiai di parmigiano grattugiato

Istruzioni:
1. Sbattere le uova insieme alla panna, al sale e al pepe pesanti in una ciotola.
2. Scaldare 1 cucchiaino di olio di cocco in una padella media a fuoco medio.
3. Mescolare il cavolo e i broccoli, quindi cuocere fino a quando il cavolo è appassito, circa 1-2 minuti.
4. Versare le uova e cuocere, mescolando di tanto in tanto, fino a quando non si imposta.
5. Mescolare il parmigiano e servire caldo.

Info nutrizionali: 315 calorie, 23g di grassi, 19,5 g di proteine, 10 g di carboidrati, 1,5 g di fibre, 8,5 g di carboidrati netti

PRANZO

Insalata di avocado al cetriolo con pancetta
Porzioni: 2
Tempo di preparazione: 10 minuti
Tempo di cottura: Nessuno
Ingredienti:

- 2 tazze di spinaci freschi, tritati
- 1/2 cetriolo inglese, affettato sottile
- 1 piccolo avocado, snocciolato e tritato
- 1 1/2 cucchiaio di olio d'oliva
- 1 1/2 cucchiaio di succo di limone
- Sale e pepe
- 2 fette di pancetta cotta, tritata

Istruzioni:
1. Unire gli spinaci, il cetriolo e l'avocado in un'insalatiera.
2. Spremi con l'olio d'oliva, il succo di limone, il sale e il pepe.
3. Top con pancetta tritata da servire.

Infonutrizionali: 365 calorie, 24,5 g di grassi, 7g di proteine, 13 g di carboidrati, 8 g di fibre, 5g di carboidrati netti

Zuppa di cheeseburger di pancetta

Porzioni: 4

Tempo di preparazione: 10 minuti

Tempo di cottura: 15 minuti

Ingredienti:

- 4 fette di pancetta crudo
- 8 once di carne macinata (80% magra)
- 1 cipolla gialla media, tritata
- 1 spicchio d'aglio, tritato
- 3 tazze brodo di manzo
- 2 cucchiai di concentrato di pomodoro
- 2 cucchiaini di senape di Digione
- Sale e pepe
- 1 tazza di lattuga triturata
- 1/2 tazza formaggio cheddar triturato

Istruzioni:

1. Cuocere la pancetta in una casseruola fino a quando croccante, quindi scolare su tovaglioli di carta e tritare.
2. Surriscaldare il grasso di pancetta nella casseruola e aggiungere il manzo.
3. Cuocere fino a quando il manzo non è rosolato, quindi scolare via metà del grasso.
4. Surriscaldare la casseruola e aggiungere la cipolla e l'aglio - cuocere per 6 minuti.
5. Mescolare il brodo, la pasta di pomodoro e la senape, quindi condire con sale e pepe.
6. Aggiungere il manzo e cuocere a fuoco lento per 15 minuti, coperto.

7. Cucchiaio in ciotole e top con lattuga triturata, formaggio cheddar e pancetta.

Info nutrizionali: 315 calorie, 20g di grassi, 27g di proteine, 6g di carboidrati, 1g di fibre, 5g di carboidrati netti

Panino al prosciutto e provolone

Porzioni: 1

Tempo di preparazione: 30 minuti

Tempo di cottura: 5 minuti

Ingredienti:

- 1 uovo grande, separato
- Pizzicare la crema di tartaro
- Pizzicare il sale
- Crema di 1 oncia ammorbidita
- 1/4 tazza di provolone triturato
- 3 once di prosciutto a fette

Istruzioni:

1. Per il pane, preriscaldare il forno a 300 ° F e allineare una teglia con pergamena.
2. Sbattere gli albumi con la crema di tartaro e sale fino a formare picchi morbidi.
3. Sbattere la crema di formaggio e tuorlo d'uovo fino a quando liscio e giallo pallido.
4. Piegare gli albumi un po' alla volta fino a quando liscio e ben combinato.
5. Versare la pastella sulla teglia in due cerchi pari.
6. Cuocere in forno per 25 minuti fino a quando non è sodo e leggermente rosolato.
7. Stendere il burro su un lato di ogni cerchio di pane, quindi posizionarne uno in una padella preriscaldata a fuoco medio.
8. Cospargere di formaggio e aggiungere il prosciutto a fette, quindi finire con l'altro cerchio di pane, lato burro-up.

9. Cuocere il panino per un minuto o due, quindi capovolgerlo con cura.

10. Lasciare cuocere fino a quando il formaggio non viene sciolto, quindi servire.

Info nutrizionali: 425 calorie, 31g di grassi, 31g di proteine, 5g di carboidrati, 1g di fibre, 4g di carboidrati netti

Pepite di pollo al forno

Porzioni: 4

Tempo di preparazione: 10 minuti

Tempo di cottura: 20 minuti

Ingredienti:

- 1/4 tazza farina di mandorle
- 1 cucchiaino di peperoncino in polvere
- 1/2 cucchiaino di paprika
- 2 libbre cosce di pollo disossate, tagliate in pezzi da 2 pollici
- Sale e pepe
- 2 uova grandi, sbattute bene

Istruzioni:

1. Preriscaldare il forno a 400 ° F e allineare una teglia con pergamena.

2. Mescolare la farina di mandorle, il peperoncino in polvere e la paprika in un piatto poco profondo.

3. Condire il pollo con sale e pepe, quindi immergersi nelle uova sbattute.

4. Dragare i pezzi di pollo nella miscela di farina di mandorle, quindi disporre sulla teglia.

5. Cuocere per 20 minuti fino a doratura e croccante. Servire caldo.

Info nutrizionali: 400 calorie, 26g di grassi, 43g di proteine, 2g di carboidrati, 1g di fibre, 1g di carboidrati netti

Insalata di taco con condimento cremoso
Porzioni: 2
Tempo di preparazione: 10 minuti
Tempo di cottura: 10 minuti
Ingredienti:
- 6 once di carne macinata (80% magra)
- Sale e pepe
- 1 cucchiaio di cumino macinato
- 1 cucchiaio di peperoncino in polvere• 4 tazze di lattuga fresca tritata
- 1/2 tazza pomodori a dadini
- 1/4 tazza cipolla rossa a dadini
- 1/4 tazza formaggio cheddar triturato
- 3 cucchiai di maionese
- 1 cucchiaino di aceto di sidro di mele
- Paprika pizzico

Istruzioni:
1. Cuocere il manzo macinato in una padella a fuoco medio-alto fino a doratura.
2. Scolare metà del grasso, quindi condire con sale e pepe e mescolare nel condimento del taco.
3. Cuocere a fuoco lento per 5 minuti, quindi togliere dal fuoco.
4. Dividere la lattuga tra due insalatiere , quindi finire con carne macinata.
5. Aggiungere i pomodori a dadini, la cipolla rossa e il formaggio cheddar.
6. Sbattere insieme gli ingredienti rimanenti, quindi cospargere sulle insalate da servire.

Info nutrizionali: 470 calorie, 36g di grassi, 28g di proteine, 7,5 g di carboidrati, 1,5 g di fibre, 6 g di carboidrati netti

Insalata di uova sulla lattuga
Porzioni: 2
Tempo di preparazione: 10 minuti
Tempo di cottura: Nessuno
Ingredienti:
- 3 grandi uova sode, raffreddate
- 1 piccolo sedano gambo, a dadini
- 3 cucchiai di maionese
- 1 cucchiaio di prezzemolo fresco tritato
- 1 cucchiaino di succo di limone fresco
- Sale e pepe
- 4 tazze di lattuga fresca tritata

Istruzioni:
1. Sbucciare e tagliare a dadini le uova in una ciotola.
2. Mescolare il sedano, la maionese, il prezzemolo, il succo di limone, il sale e il pepe.
3. Servire cucchiaio su lattuga fresca tritata.

Info nutrizionali: 260 calorie, 23g di grassi, 10g di proteine, carboidrati 4g, fibre 1g, 3g carboidrati netti

Zuppa di goccia d'uovo

Porzioni: 4

Tempo di preparazione: 5 minuti

Tempo di cottura: 10 minuti

Ingredienti:

- 5 tazze brodo di pollo
- 4 cubetti di brodo di pollo
- 1 1/2 cucchiai di pasta di aglio al peperoncino
- 6 uova grandi, sbattute
- 1/2 cipolla verde, affettata

Istruzioni:

1. Schiacciare i cubetti di brodo e mescolare nel brodo in una casseruola.
2. Portare a ebollizione, quindi mescolare nella pasta di aglio al peperoncino.
3. Cuocere fino a cuocere a vapore, quindi rimuovere dal fuoco.
4. Mentre si frusta, cospargere nelle uova sbattute.
5. Lasciare riposare per 2 minuti, quindi servire con cipolla verde affettata.

Info nutrizionali: 165 calorie, 9,5 g di grassi, 16g di proteine, 2,5 g di carboidrati, 0g di fibre, 2,5 g di carboidrati

Pancetta, Lattuga, Pomodoro, Sandwich di Avocado
Porzioni: 1
Tempo di preparazione: 30 minuti
Tempo di cottura: Nessuno
Ingredienti:
- 1 uovo grande, separato
- Pizzicare la crema di tartaro
- Pizzicare il sale
- Crema di 1 oncia ammorbidita
- 2 fette di pancetta crudo
- 1/4 tazza avocado a fette
- 1/4 tazza lattuga triturata
- 1 fetta di pomodoro

Istruzioni:

1. Per il pane, preriscaldare il forno a 300 ° F e allineare una teglia con pergamena.

2. Sbattere gli albumi con la crema di tartaro e sale fino a formare picchi morbidi.

3. Sbattere la crema di formaggio e tuorlo d'uovo fino a quando liscio e giallo pallido.

4. Piegare gli albumi un po' alla volta fino a quando liscio e ben combinato.

5. Versare la pastella sulla teglia in due cerchi pari.

6. Cuocere in forno per 25 minuti fino a quando non è sodo e leggermente rosolato.

7. Cuocere la pancetta in padella fino a croccante, quindi scolare su un tovagliolo di carta.

8. Assemblare il panino con pancetta, avocado, lattuga e pomodoro.

Info nutrizionali: 355 calorie, 30g di grassi, 16,5 g di proteine, 5,5 g di carboidrati, fibre da 2,5 g, carboidrati netti 3g

Torte al salmone fritto

Porzioni: 2
Tempo di preparazione: 15 minuti
Tempo di cottura: 10 minuti

Ingredienti:

- 1 cucchiaio di burro
- 1 tazza di cavolfiore riso
- Sale e pepe
- 8 once filetto di salmone disossato
- 1/4 tazza farina di mandorle
- 2 cucchiai di farina di cocco
- 1 uovo grande
- 2 cucchiai di cipolla rossa tritata
- 1 cucchiaio di prezzemolo fresco tritato
- 2 cucchiai di olio di cocco

Istruzioni:

1. Sciogliere il burro in una padella a fuoco medio, quindi cuocere il cavolfiore per
2. 5 minuti fino a tenero - condire con sale e pepe.
3. Versare il cavolfiore in una ciotola e surriscaldare la padella.
4. Aggiungere il salmone e condire con sale e pepe.
5. Cuocere il salmone fino a quando non è opaco, quindi rimuovere e sfaldarlo in una ciotola.
6. Mescolare il cavolfiore insieme alla farina di mandorle, farina di cocco, uovo, cipolla rossa e prezzemolo.
7. Modellare in 6 polpette, quindi patatine fritte in olio di cocco fino a quando entrambi i lati non sono rosottati.

Info nutrizionali: 505 calorie, 37,5 g di grassi, 31g di proteine, 14,5 g di carboidrati, 8 g di fibre, 6,5 g di carboidrati netti

CENA

Salmone pesto alla griglia con asparagi
Porzioni: 4
Tempo di preparazione: 5 minuti
Tempo di cottura: 15 minuti
Ingredienti:

- 4 filetti di salmone disossati da 6 oncia
- Sale e pepe
- 1 mazzetto di asparagi, termina tagliato
- 2 cucchiai di olio d'oliva
- 1/4 tazza pesto di basilico

Istruzioni:

1. Preriscaldare una griglia a fuoco alto e oliare le griglie.
2. Condire il salmone con sale e pepe, quindi spruzzare con spray da cucina.
3. Grigliare il salmone per 4-5 minuti su ciascun lato fino a cottura.
4. Lancia gli asparagi con olio e griglia fino a teneri, circa 10 minuti.
5. Versare il pesto sul salmone e servire con gli asparagi.

Info nutrizionali: 300 calorie, 17,5 g di grassi, 34,5 g di proteine, 2,5 g di carboidrati, 1,5 g di fibre,

1g carboidrati netti

Hamburger ripieni di cheddar con zucchine

Porzioni: 4

Tempo di preparazione: 10 minuti

Tempo di cottura: 15 minuti

Ingredienti:

- 1 libbra di carne macinata (80% magra)
- 2 uova grandi
- 1/4 tazza farina di mandorle
- 1 tazza di formaggio cheddar triturato
- Sale e pepe
- 2 cucchiai di olio d'oliva
- 1 zucchine grandi, dimezzate e affettate

Istruzioni:

1. Unire il manzo, l'uovo, la farina di mandorle, il formaggio, il sale e il pepe in una ciotola.
2. Mescolare bene, quindi modellare in quattro polpette di dimensioni pari.
3. Scaldare l'olio in una padella grande a fuoco medio-alto.
4. Aggiungere le polpette di hamburger e cuocere per 5 minuti fino a doratura.
5. Capovolgere le polpette e aggiungere le zucchine alla padella, lanciando per rivestire con olio.
6. Condire con sale e pepe e cuocere per 5 minuti, mescolando occasionalmente le zucchine.
7. Servite gli hamburger con i vostri condimenti preferiti e le zucchine sul lato.

Info nutrizionali: 470 calorie, 29,5 g di grassi, 47g di proteine, 4,5 g di carboidrati, fibre da 1,5 g, carboidrati netti 3g

Cordon Bleu di pollo
con cavolfiore

Porzioni: 4

Tempo di preparazione: 10 minuti

Tempo di cottura: 45 minuti

Ingredienti:

- 4 metà di petto di pollo disossato
- 4 fette di prosciutto gastronomia
- 4 fette formaggio svizzero
- 1 uovo grande, sbattuto bene
- 1/4 tazza farina di mandorle
- 1/4 tazza parmigiano grattugiato
- 1/2 cucchiaino di aglio in polvere
- Sale e pepe
- 2 tazze cimette di cavolfiore

Istruzioni:

1. Preriscaldare il forno a 200 gradi e allinearlo con una teglia di lamina.
2. Incastrata le metà del petto di pollo tra pezzi di pergamena e libbra piatta.
3. Stendere i pezzi e finire con prosciutto a fette e formaggio.
4. Arrotolare il pollo intorno ai ripieni, quindi immergere nell'uovo sbattuto.
5. Unire le cotiche di maiale, la farina di mandorle, il parmigiano, l'aglio in polvere, il sale e il pepe in un robot da cucina e pulsare in briciole fini.
6. Arrotolare gli involtini di pollo nella cotica di maiale, quindi posizionare sulla teglia.

7. Tosare il cavolfiore con burro fuso, quindi aggiungere alla teglia.
8. Cuocere in forno per 45 minuti fino a quando il pollo non viene cotto.

Info nutrizionali: 420 calorie, 23,5 g di grassi, 45g di proteine, 7 g di carboidrati, 2,5 g di fibre, 4,5 g di carboidrati netti

Tonno in crosta di sesamo con fagiolini

Porzioni: 4
Tempo di preparazione: 15 minuti
Tempo di cottura: 5 minuti

Ingredienti:

- 1/4 tazza semi di sesamo bianco
- 1/4 tazza semi di sesamo nero
- 4 (6 oncia) ahi bistecche di tonno
- Sale e pepe
- 1 cucchiaio di olio d'oliva
- 1 cucchiaio di olio di cocco
- 2 tazze fagiolini

Istruzioni:

1. Unire i due tipi di semi di sesamo in un piatto poco profondo.
2. Condire il tonno con sale e pepe.
3. Dragare il tonno nella miscela di semi di sesamo.
4. Scaldare l'olio d'oliva in una padella a fuoco alto, quindi aggiungere il tonno.
5. Cuocere per 1 o 2 minuti fino a scottarsi, quindi girare e scottare dall'altra parte.
6. Rimuovi il tonno dalla padella e lascia riposare il tonno mentre riscritti la padella con l'olio di cocco.
7. Friggere i fagiolini nell'olio per 5 minuti, quindi servire con tonno a fette.

Info nutrizionali: 380 calorie, 19g di grassi, 44,5 g di proteine, 8 g di carboidrati, fibre 3g, 5g carboidrati netti

Maiale arrosto al rosmarino con cavolfiore

Porzioni: 4
Tempo di preparazione: 10 minuti
Tempo di cottura: 20 minuti

Ingredienti:

- 1 filetto di maiale disossato da 1 1/2 libbra
- 1 cucchiaio di olio di cocco
- 1 cucchiaio di rosmarino fresco tritato
- Sale e pepe
- 1 cucchiaio di olio d'oliva
- 2 tazze cimette di cavolfiore

Istruzioni:

1. Strofinare il maiale con olio di cocco, quindi condire con rosmarino, sale e pepe.
2. Scaldare l'olio d'oliva in una padella grande a fuoco medio-alto.
3. Aggiungere il maiale e cuocere per 2-3 minuti su ciascun lato fino a doratura.
4. Cospargere il cavolfiore nella padella intorno al maiale.
5. Ridurre il fuoco a basso, quindi coprire la padella e cuocere per 8-10 minuti fino a quando il maiale non viene cotto.
6. Affettare il maiale e servire con il cavolfiore.

Info nutrizionali: 300 calorie, 15,5 g di grassi, 37g di proteine, 3 g di carboidrati, 1,5 g di fibre, 1,5 g di carboidrati netti

Tikka di pollo con riso al cavolfiore

Porzioni: 6
Tempo di preparazione: 10 minuti
Tempo di cottura: 6 ore
Ingredienti:

- 2 kg cosce di pollo disossate, tritate
- 1 tazza di latte di cocco in scatola
- 1 tazza di panna pesante
- 3 cucchiai di pasta di pomodoro
- 2 cucchiai di masala
- 1 cucchiaio di zenzero grattugiato fresco
- 1 cucchiaio di aglio tritato
- 1 cucchiaio di paprika affumicata
- 2 cucchiaini di cipolla in polvere
- 1 cucchiaino di guar gum
- 1 cucchiaio di burro
- 1 1/2 tazza di cavolfiore riso

Istruzioni:

1. Stendere il pollo in un fornello lento, quindi mescolare gli ingredienti rimanenti ad eccezione del cavolfiore e del burro.
2. Coprire e cuocere a fuoco basso per 6 ore fino a quando il pollo non è finito e la salsa addensata.
3. Sciogliere il burro in una casseruola a fuoco medio-alto.
4. Aggiungere il cavolfiore riso e cuocere per 6-8 minuti fino a tenero.
5. Servire il tikka di pollo con il riso al cavolfiore.

Info nutrizionali: 485 calorie, 32g di grassi, 43g di proteine, 6,5 g di carboidrati, 1,5 g di fibre, 5g di carboidrati netti

Salmone alla griglia e zucchine con salsa di mango

Porzioni: 4

Tempo di preparazione: 5 minuti

Tempo di cottura: 10 minuti

Ingredienti:

- 4 filetti di salmone disossati da 6 oncia
- 1 cucchiaio di olio d'oliva
- Sale e pepe
- 1 grande zucchine, affettata in monete
- 2 cucchiai di succo di limone fresco
- 1/2 tazza di mango tritato
- 1/4 tazza coriandolo fresco tritato
- 1 cucchiaino di scorza di limone
- 1/2 tazza di latte di cocco in scatola

Istruzioni:

1. Preriscaldare una padella a fuoco alto e spruzzare liberamente con spray da cucina.
2. Spennellare il salmone con olio d'oliva e condire con sale e pepe.
3. Toss le zucchine con succo di limone e condire con sale e pepe.
4. Posizionare i filetti di salmone e le zucchine sulla padella.
5. Cuocere per 5 minuti, quindi girare tutto e cuocere altri 5 minuti.
6. Unire gli ingredienti rimanenti in un frullatore e frullare in una salsa.
7. Servire i filetti di salmone conditi con la salsa di mango e le zucchine sul lato.

Info nutrizionali: 350 calorie, 21,5 g di grassi, 35g di proteine, 8 g di carboidrati, 2 g di fibre, 6g di carboidrati netti

Arrosto di pentola a cottura lenta con fagiolini

Porzioni: 8
Tempo di preparazione: 10 minuti
Tempo di cottura: 8 ore
Ingredienti:

- 2 gambi medi sedano, affettati
- 1 cipolla gialla media, tritata
- 1 (3 libbre) arrosto di mandrino di manzo disossato
- Sale e pepe
- 1/4 tazza brodo di manzo
- 2 cucchiai di salsa Worcestershire
- 4 tazze fagiolini, tagliati
- 2 cucchiai di burro freddo, tritato

Istruzioni:

1. Unire il sedano e la cipolla in un fornello lento.
2. Mettere l'arrosto in cima e condire liberamente con sale e pepe.
3. Sbattere insieme il brodo di manzo e la salsa Worcestershire e poi versarlo.
4. Coprire e cuocere a fuoco basso per 8 ore fino a quando la carne bovina è molto tenera.
5. Rimuovere la carne su un tagliere e tagliarlo a pezzi.

6. Riportare il manzo al fornello lento e aggiungere i fagioli e il burro tritato.
7. Coprire e cuocere in alto per 20-30 minuti fino a quando i fagioli sono teneri.

Info nutrizionali: 375 calorie, 13,5 g di grassi, 53g di proteine, 6 g di carboidrati, 2 g di fibre, 4g di carboidrati netti

Per favore, non essere così affrettato

Inoltre, la bassa velocità di alimentazione può renderti più felice a lungo termine, specialmente quelli che vogliono perdere peso. Diversi studi mostrano una connessione diretta tra il ritmo del consumo e lo sviluppo dell'obesità.

Se il pasto viene "ingerito frettolosamente", c'è il rischio di mangiare più del necessario, cioè troppo, nel tempo assegnato per mangiare. Con una moderata velocità alimentare e una masticazione accurata del cibo, d'altra parte, la sensazione di sazietà è già appropriata durante il consumo e la fame.

Inoltre, il processo alimentare richiede la nostra attenzione indivisa. Mangiare, leggere o guardare la TV allo stesso tempo può avere un impatto negativo sul gusto e sulla velocità del mangiare.

Con i seguenti consigli, i pasti sono un piacere:

- Rilassati: prepara o seleziona i piatti consapevolmente, posa la tavola e vieni a riposare sono rituali importanti per entrare in vena del cibo.

- Prenditi il tuo tempo: questo include tempo sufficiente per una colazione tranquilla e una pausa pranzo.

- Mangia lentamente: la sensazione di sazietà si presenta solo dopo pochi minuti. Coloro che si prendono il loro tempo a mangiare hanno maggiori probabilità di sentirsi pieni - e mangiare automaticamente meno.

- Masticare accuratamente: Il cibo viene aperto solo da una masticazione sufficiente in modo che il corpo possa digerire il cibo ingerito più facilmente e utilizzare meglio i nutrienti.
- Senza distrazione: Coloro che si concentrano solo sul mangiare percepiscono segnali corporei importanti molto più chiaramente, come la sensazione iniziale di sazietà. Quindi è meglio lasciare la TV fuori.
- Divertiti: mangiare con tutti i tuoi sensi trasmette benessere. Se ti piace divertirti insieme, puoi pianificare un picnic con la famiglia o un brunch con gli amici durante il fine settimana per cambiare.
- Fai da te: cucinare promuove non solo i sensi e il divertimento, ma anche l'apprezzamento del nostro cibo. Cucinare con i bambini è particolarmente importante. Durante l'infanzia, il corso è impostato presto per un comportamento alimentare sano.

CPSIA information can be obtained
at www.ICGtesting.com
Printed in the USA
LVHW050014030621
689157LV00013B/1450